大展好書　好書大展
品嘗好書　冠群可期

大展好書　好書大展
品嘗好書　冠群可期

武術特輯
49

八法拳
八法槍

武世俊／著

大展 出版社有限公司

序　言

中國武術源遠流長，流派紛呈，拳種豐富，風格各異，是中華民族寶貴的文化遺產。據不完全統計，我國目前流傳有序、自成體系、獨具風格的拳種至少有一百三十餘種，八法拳就是其中的一個優秀的地方拳種。

八法拳始創於清末，由當時著名的武術家李德茂先生吸納通臂、彈腿、翻子、形意、炮捶等多家拳法的精華所創，有拳、刀、劍、大槍四路及相應的對拆套路。現主要流傳在山西大同、運城地區和內蒙古河套一帶。由於是汲取了多家拳法的精華所編創，從嚴格的意義來講，八法拳是一種綜合拳。在運動過程中，它講究和恪守沖、鑽、裹、撐、劈、撩、化、搠八法，這就是該拳之所以稱作八法拳的緣由。

八法拳械結構編排嚴謹，動作紮實無華，快速多變、攻防兼備、招招注重實用，演練起來要求剛勁有力、緊湊迅猛，能夠提高人的靈敏和應變能力，並由過速度和勁力促進習練者的血液循環，增強臂力。同時在實戰中也可收到良好的技擊效果。常練此拳，可使人朝氣蓬勃，精神飽滿，尤其適合有一定根基的武術愛好者，特別是青少年習練。

八法拳械流傳至今雖然已有一百八十年的歷史，但由於流傳地區不廣、拳師們是口傳心授、缺乏可查的資料和文獻記載以及保守等緣故，導致該拳種在國內流傳不廣，影響不大，知者不多。百餘年來爲繼承、傳播、改進此拳種做出貢

獻的眾多拳師們的生平和軼事大多已無從稽考，實爲憾事。即使是目前，能夠全部掌握該拳種全部拳械套路的人已爲數甚寡。爲使八法拳這個優秀的地方拳種不致於被塵封湮沒，我曾在山西省武術挖掘與整理過程中獻出該拳種的套路拳譜並對部分套路錄了像。儘管如此，我仍感到責任重大，於是精心把它用文字和圖片相結合的形式整理出來。一來以防遺失，二來以饗讀者。

本書收錄的八法拳種套路有八法拳單練、八法拳對練和八法大槍。至於八法拳種剩餘的套路八法劍、八法刀及對拆套路，我將逐步整理出來。值得說明的是：

一、練習八法拳械需要掌握一定的武術基本功，但我們考慮到，形形色色的武術書籍、雜誌中介紹武術基本功內容已頗多，因此，本書對這方面的知識不再贅述。

二、爲使習練者能夠儘快掌握該套路，我們撰寫了一定的動作文字說明，並悉心點明每個式子的要領。

三、本書中八法拳單人套路、八法大槍的照片由武世俊演練，八法拳對練由武世俊與其弟子王占斌合演。全部拳照係由劉慶昕先生攝影製作而成。

本書在編寫過程中，曾得到李存義、馬文海和曉馳等先生的大力協助和支持，在此謹致以誠摯的謝意。

由於時間倉促，急就此稿，書中的內容和演練的動作姿勢難免有疏漏和不當之處，望請指正。

是爲序。

武世俊

目　錄

八法拳械
的源流與特點

一、源　流

　　此八法拳械是由清末著名武術家李德茂（字官亭）所創編。李德茂習武多年，博覽眾長，他綜合了彈腿、形意、通背、劈掛、炮捶等拳種的優點及技擊法則創編了此拳種。該拳種有拳、槍、刀、劍四個套路，以及相應的拳招對拆套路，主要流傳分布在山西省大同、太原、運城以及內蒙古河套一帶，曾是戰爭年代許多部隊訓練格鬥的必修課。

二、特　點

　　八法拳械包括拳、槍、刀、劍。每個套路都較短小精悍。從風格特點來講，總體上應屬於長拳類，但其中又夾雜了不少形意等其他拳種的動作和相應的發力及用法，例如鐵翻杆（翻子拳中的鐵凡杆）、烏龍臥勢（形意十二形中的龍形）等。所以，更確切地講，它應屬於雜拳。

　　八法拳械的動作都講究攻防實戰等技擊的訓練，其動作

沉穩緊湊，拳架套路組合嚴密，結構合理，沒有大跳大躍的動作及花架。出手講究快速有力，沉穩果斷，回手不叼即擒、不掛即裹，在拳式練習中主要掌握八勁和八法，故此得名。

八勁，指八法拳套路中每個動作都包含有不同的勁力特點。主要體現有沖、鑽、裹、擰、劈、撩、化、掤八個勁力。

八法。指套路中的動作體現在技擊應用上的八種法則，有打法、抓法、截法、拿法、踢法、靠法、閃法、震法。

所謂沖勁，是指在出招時力從腰間起，由身體四肢直達進攻對方的部位。如本拳路中的二龍出水、通天炮等式都是用這種勁打出的。

鑽勁，是由小到大，鬆肩塌腰，將勁直發拳的最前端。該套路中的鐵翻杆、連珠炮打等式都用的是鑽勁。

裹勁，在本拳套路中，如拿法上肘、烏龍臥勢等都用的是裹勁。這是一種如同於陳式太極拳擒拿術中的纏絲勁，在練習時要求肌體由鬆漸緊，纏裹著運行。

擰勁，是帶有彈性的螺旋勁，出拳時要旋向打出。本拳套路中的順步捶就用此勁。

劈勁，勁力由上向下果斷、乾脆地直劈或斜劈。這種勁在套路中用的很多，如麻行掌、餓虎撲羊等都用劈勁。

撩勁，有撩臂、撩腋、撩襠、撩腿等，是由下向上或斜上方挑起之勁。如獅子大張嘴的左臂撩、麻行掌的右掌撩襠，都明顯地表現出了撩勁。

化勁，此勁如同太極和形意中的黏攌勁，對於凶猛的對手來勢，進行斜方向的化帶，引進落空對方之來勢，如順水

拉船、烏雞手等式。

掤勁，使勁力貫穿於全套每個架式的始終，無論進招退招，均不可丟此勁。有如打足氣的輪胎一樣。

八法中，本拳以打法和拿法為主，並在拳路中表現得極為重要。

打法分上打、中打、下打、近身打、探身打、連環打等；拿法有順勢拿、破勢拿、反關節拿等；抓法有抓腕法、抓肘法、抓胸法、正抓、反抓、抓筋等；截法有正截、斜截；本拳中踢法有彈、踹、勾、撩，靠有肘靠、肩靠兩個用法，如滾心肘式屬肘靠，立馬抖弓屬肩肘並用的靠法；閃和震在本拳的攻防技擊練習中也是主要的兩個特點。如順步捶是在攻擊中有閃躲，在閃的同時進攻，烏龍入洞是借助震法脫開對方擒拿而進招的。

八法拳

動作名稱

第一段

1. 預備勢
2. 起勢
3. 二龍出水
4. 提袍撩袖
5. 平拳
6. 插手
7. 獅子大張嘴
8. 鐵翻杆
9. 十字捶
10. 拍膝
11. 貫耳
12. 平步抱肘
13. 絞手臥勢
14. 挑釵
15. 踢打對面捶
16. 滾心肘（堂公肘）
17. 烏龍蓋頂
18. 掐雞捏嗉
19. 龍虎交戰順步捶
20. 砸步雷公捶

第二段

21. 五龍絞柱
22. 天地手
23. 絞手
24. 進步一枝連環掌
25. 挑釵
26. 連三掌
27. 黑虎探爪
28. 鐵山靠
29. 臥勢
30. 麻行掌（挖心掌）
31. 餓虎撲羊
32. 挑釵
33. 叼手

34. 十字腿

35. 跌步

第三段

36. 裡外翻子腿

37. 倒打紫金冠（蝎子撩尾）

38. 烏龍臥勢

39. 連珠炮打

40. 拿法上肘

41. 青龍洗爪

42. 烏龍入洞

43. 金磚扣玉瓦

44. 順水拉船

45. 立馬抖弓（金魚抖鱗）

46. 龍行勢

47. 順步捶

第四段

48. 提步雷公捶

49. 陰陽反手捶

50. 絞手十字腿

51. 入地揮陰手（上步猴拉馬）

52. 弓步打虎勢

53. 右挑打

54. 右無極手（烏雞手）

55. 左挑打

56. 左無極手（烏雞手）

57. 挎籃

58. 蓋門三捶

59. 通天炮

60. 十字腿

61. 提步金雞捶

62. 挑打

63. 抱肘

64. 收勢

八法拳

圖　解

第一段　（面南往東練）

1. 預備勢

【動作分解】：面向南併步站立，腳尖向前；兩臂自然下垂於身體兩側；兩眼平視（圖1）。

【要點】：全神貫注，虛領頂勁，挺胸合腹。

2. 起勢

【動作分解】：雙手握拳，同時快速屈肘提到兩腰側，兩拳心朝上，拳面朝前（圖2）。

【要點】：握拳要緊，雙肘微向外擴。

3. 二龍出水

【動作分解】：

①下肢不動；右拳以腰帶勁兒從腰側向前直臂沖出，拳眼朝上，沖拳的同時身要微向左轉，右臂與肩同高（圖3，圖3側面）。

圖1

圖2

圖3

圖3側面

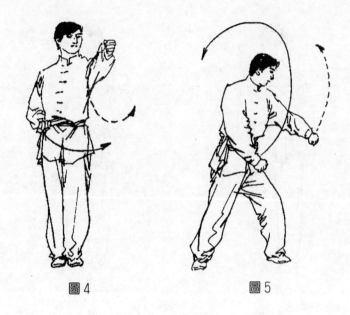

圖4　　　　　　　　圖5

　　② 右拳收回到右腰側，拳心朝上，同時左拳以腰帶勁兒，從左腰側向前直臂沖出，身微右轉，拳眼朝上（圖4）。

　　【要點】：收拳與沖拳動作必須同時進行；兩臂動作形成一前一後的整勁兒；出拳要由腰間發出，勁力要整；發拳時，眼要緊盯沖出的拳的前方。

4. 提袍撩袖

　　【動作分解】：

　　① 左足向左側橫跨一步；同時雙拳掄環由右而下至左下方掄出；目視雙拳（圖5）。

　　② 上動不停。雙拳繼續由左下向右上繞環掄起；同時提右腿成左獨立勢，右腳尖裡扣；右臂屈肘微壓在右膝上，

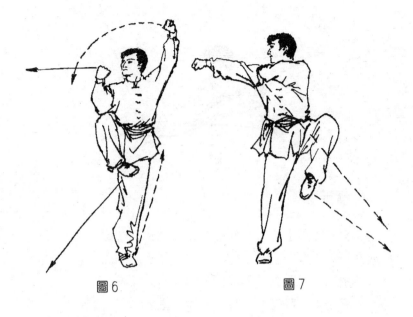

圖6 圖7

肘尖與膝面相觸，右拳背朝前，左拳上架於頭左上側，拳眼朝前；目視右拳〈面南〉（圖6）。

【要點】：

①出腿、提膝、掄臂、壓肘及眼神動作要協調一致。

②繞環掄臂要快速，定勢要穩，兩臂要不丟掤勁。

5.平拳

【動作分解】：右足向右側橫跳一步落地，同時左腿在身體左側屈膝提起，左腳尖下垂；右拳向右側直臂平沖拳，右臂與肩同高，拳背朝上，左拳同時變掌由前面上方弧形擺動，屈肘附於右肩前，掌指朝右肩；目視右拳（圖7）。

【要點】：跳步、提膝、沖拳、擺掌要協調一致，同時進行。

圖8

6. 插手

【動作分解】：右腿屈膝全蹲，左腿向左側落下伸直平鋪成左仆步；同時上身下俯，左掌下穿至左腳面，掌心朝前下方，眼看左掌，右拳不動側架於身右側（圖8）。

【要點】：兩臂要伸直，勁達拳掌。

7. 獅子大張嘴

【動作分解】：身體左轉，重心左移，右腿提起向左前方邁出，重心移向右腿，左腿蹬直成右弓步；同時左掌上撩，屈腕橫架於頭左上側，掌心朝前，右拳由下隨右腿同時向左前方（向東）撞出，拳心朝上；目視右拳〈面東〉（圖9）。

【要點】：左臂要有上掤之勁，右拳由下向上撞勁兒要與右足合為整勁，右足要震地有聲，與右拳動作同時完成。

8. 鐵翻杆

【動作分解】：

①上身直立後移，右腳隨之抽回半步成右高虛步，同

圖9

圖10

時右拳抽回至右腰間，拳心朝上，左掌由上往下截，略低於肩，掌心朝下，目視左掌〈面東〉（圖10）。

　②上動不停。左掌外旋下按，同時右拳由左掌掌背上鑽出，拳心朝上；同時右腿前邁半步踏實，成右高弓步；目

圖11

視右拳〈面東〉（圖11）。

【要點】：

① 抽拳、截掌與回腿動作要一致；截掌時要塌腰、右旋、呼氣。

② 鑽拳時鑽勁與左掌按勁要隨腰左旋上挺，合成一整勁。

③ 鑽勁力要集中左拳最前端；上鑽拳向外擰，要沉肩垂肘。

④ 右臂不可伸太直。

9. 十字捶

【動作分解】：下肢不動；左掌握拳，由右肘下穿出向左前上方橫打出，拳眼斜向上，右拳向後平擺出，拳眼向上；目視左拳〈面東〉（圖12）。

圖 12

【要點】：

①左拳橫沖出時要有擰勁。

②兩臂要有擰繩感覺，不可鬆懈。

10. 拍膝

【動作分解】：下肢右高弓步不動；左拳變掌，掌心朝下向右膝面按下；右拳提至頭右側上架，拳心朝外；眼看左掌〈面東〉（圖13）。

圖 13

【要點】：左掌下

圖 14

按有力，力達掌指。

11. 貫耳

【動作分解】：下肢不動；右拳由身右下側向前上方橫掄拳，拳眼朝下；左掌由身前左側掄起，向右前方與右拳腕相擊，身微向左傾，頭微左偏；目視右拳（圖14）。

【要點】：兩手要合力為整勁，動作要乾脆，迅猛。

12. 平步抱肘

【動作分解】：

①身體左轉；左臂向左側展出；同時左腳回收至右膝窩內側，右腿半蹲不動〈面北〉（圖15）。

②上動不停。左腿向原處落回成馬步；同時右臂屈肘向胸前橫靠成挎肘，左掌向胸前迎擊右肘內側，右拳心朝裡，拳面朝上；目視右拳〈面北〉（圖16，16側面）。

圖 15

圖 16   圖 16 側面

【要點】：

① 左足踏地震腳與拍肘合為整勁。

② 右肘為肘靠法，勁力要有內旋的裹勁、磕勁。

圖 17

13. 絞手臥勢

【動作分解】：

①上身直立，左腿向右腿後插步；同時左掌經右肘內側上穿，再向左上方展臂上挑，右拳變掌向右下側撩，兩掌虎口均朝上；目視右掌（圖17）。

②右腿向右側邁出，兩腿屈膝成右虛步；右掌由右上側向下斜劈至襠前，虎口朝前，同時左掌附於右肩前，掌指朝上；目視前方〈面東〉（圖18）。

【要點】：後撩掌與下劈掌要與步法協調一致。

14. 挑釵

【動作分解】：右腿向前邁出成右高弓步；同時右掌由下向右上方直臂斜挑，掌與頭同高，左掌由下向後直臂上撩，虎口朝上，臂與肩同高；目視右掌；〈面東〉（圖

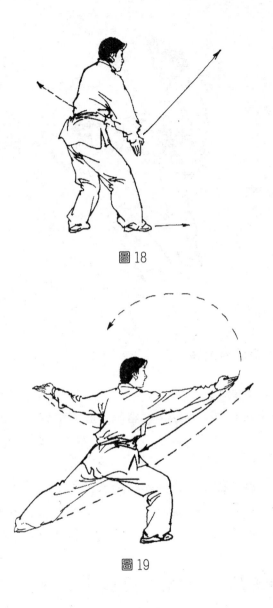

圖 18

圖 19

19）。

【要點】：出右腿與右挑掌動作要一致，力達右掌背。

圖 20

15. 踢打對面捶

【動作分解】：

　①上身直立；左掌由右掌腕下向上橫挑，右掌變拳收回身右側；同時先起左腳，後起右腳，二踢（圖20，圖21）。

　②上動不停。右腳向前落地成右弓步；左掌變拳，與右拳同時由腰間向前直臂沖出，兩拳相距約與胸同寬，左拳在上，右拳在下，兩拳眼相對；上身微前傾，頭微右偏；目視前方（圖22）。

　【要點】：左掌橫挑與二踢同時進行，落地雙沖拳要力達拳面。

圖 21

圖 22

圖 23

16. 滾心肘（堂公肘）

【動作分解】：

① 上身直立，重心後移至左腿，同時右腳抽回半步，腳尖點地成右高虛步；雙拳隨身上移掄回至頭前側，高至頭頂，右拳心朝裡，左拳心朝外，兩拳相距約胸寬（圖23）。

② 上動不停。雙臂繼續向左後掄環，隨之右臂屈肘成平肘，肘尖向前頂出，右拳心朝下，左拳變掌，屈肘塌腕，掌心頂於右掌面上，掌指向上；右腿隨頂肘同時向前跨出成右弓步；目視前方（圖24，圖24附圖）。

【要點】：

① 這是進攻性肘法。頂肘要與跨足動作協調一致，勁力要整，要力達右肘尖。

② 在雙拳上掄時要含胸縮肩，雙臂要有裹化之勁。

圖 24

圖 24 附圖

17. 烏龍蓋頂

【動作分解】：下肢不動；左掌由右肘上側經右肘尖下
擼，同時右臂向前伸直，右拳變掌，掌背向下蓋打，左手翻

圖 25

成掌心向上托於右肘部；目視右掌（圖 25）。

【要點】：左掌下擄截與右掌翻蓋打要快速乾脆，右掌勁力要有前伸之感，力達右掌背。

18. 掐雞捏嗉

【動作分解】：

① 重心後移，上身直立，提起右腿成左獨立；同時右掌下截於襠部，左掌側架於頭左上側，目視下方（圖 26）。

② 上動不停。身體跳起在空中換腿，右足落地，左足提起成右獨立；同時右掌由右膝前向右側擄截，左臂向右前上方橫托（圖 27）。

③ 上動不停。左腿向前跨出屈膝成左弓步，右腿蹬直；右掌由身體右側向前平推出，掌背朝上，虎口撐開朝前，大拇指分開，同時左掌吸於左側腰間，掌背朝上，虎口撐開；目視右掌〈面東〉（圖 28）。

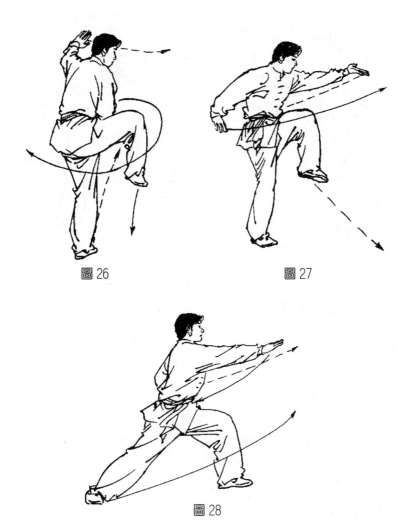

圖26　　　　　　　　　　　圖27

圖28

【要點】：

①這三個動作要一氣呵成。在圖27中，身體要稍前傾，腰向左後側閃躲，左臂要有螺旋向上之化勁。

②圖28中，要求力達右掌指部，手掌勿鬆。

圖 29　　　　　　　圖 30

19. 龍虎交戰順步捶

【動作分解】：

① 左腳不動，左腿微屈，右腳平伸向前彈踢，腳面掤平；右掌變拳收回腰間，拳心朝上，左掌變拳向前直臂沖出，拳與肩同高，拳眼朝上；目視左拳（圖 29）。

② 上動不停。右腳向前落地，雙腿屈膝成馬步；同時身向左轉，右拳向體右側直臂沖出，拳眼朝上，左拳收回腰間，拳心朝上；目視右拳（圖 30）。

【要點】：

① 圖 29 為右彈踢左沖拳，出拳要由腰間以螺旋勁擰出，勁力由小到大，勁達拳面。

② 兩分解動作要連貫緊密，不要停頓。

③ 沖拳時，胸部向後閃出。

④ 右臂要有伸長之感。

圖31　　　　　　　　　圖32

20.砸步雷公捶

【動作分解】：

①上身直立；右拳向前下方下截於襠前；目視前方（圖31）。

②上動不停。右腳向左前方邁半步；腳尖外擺；右拳提起再向右下截於右胯外側，上身右轉微向右前傾；目視右拳（圖32）。

③上動不停。左腳向右前方邁出，身體右轉，腳尖點地，兩腿屈膝成左側虛步；左拳直臂下劈於左膝內側，拳心朝外，右拳上提附於左肩內側，拳心朝裡；目視前方〈面東〉（圖33）。

④上動不停。上身微向左轉，左腿邁出屈膝成左弓步；雙拳同時向左前方沖出，右拳在下與肩同高，左拳在上

圖 33

圖 34

略高於頭，兩拳眼相對，兩拳相距約與胸寬，身微向右前傾；目視雙拳（圖34）。

【要點】：這幾個截劈拳要準確到位，不停頓，力達前臂和拳掌。沖拳要力貫拳面。

21. 五龍絞柱

【動作分解】：身體直立
向右轉，同時左腿由右腿前蓋
步；雙拳變雙掌，由下向右、
向上由身前逆時針掄環一周於
頭前側，兩拳相距約為胸寬，
左掌在後，掌心朝後，右掌在
前，掌心朝後；目視右前方
（圖35）。

圖35

【要點】：左腿蓋步與雙
臂掄環要以腰帶勁協調進行，
雙掌要由上臂帶動掄起。

22. 天地手

【動作分解】：上動不
停。雙掌由臂帶動繼續逆時針
掄環由上向左、向下至右側推
出，右掌在上，略高於頭，左
掌在下，與肩同高。雙掌相距
約胸寬，雙掌虎口相對；同時
右腳向西邁步，雙腿屈膝下蹲
成弓馬步；目視雙掌之間（圖36）。

圖36

圖 37

【要點】：雙掌推出時要以腰發勁，要有由下往上的一種抖震力；發力時後腿（左腿）要蹬，但不可太直（左腿微屈，身向右前傾，頭微向左側偏斜）。

23. 絞手

【動作分解】：身體直立後撤，重心後移至左腿，右腿抽回半步，腳尖點地成右高虛步；同時雙掌變拳，由雙臂帶動順時針打舞花，右拳至頭前側，拳心朝前，左拳至左胯前側，拳心朝外；目視正前方〈面西〉（圖37）。

【要點】：後移身、回抽右腿、舞花同時進行。

24. 進步一枝連環手

【動作分解】：

① 接上動不停。右掌由右下側屈肘向上貫拳，拳與嘴

圖 38

同高，拳面朝上，拳心朝裡，左拳變掌，屈肘護於右肘內側；同時上右步，雙腿屈膝下蹲成弓馬步；目視右拳（圖38）。

②上動作連做三次，也可只做一次。

【要點】：

①上貫拳與左掌拍肘以及上右腳踏地要同時完成，合勁而成一聲擊響。

②第二和第三個上貫拳前，兩臂只在胸前順時針打小舞花，同時右腳提起向前邁半步踏步震腳，後腳緊跟向前蹭地行半步。

③此動作要打出節奏感。

④此動作也可只做一次。

圖 39

25. 挑釵

【動作分解】：

① 身體直立，左腿向右腿後插步；左掌由右肘內側穿出，再向左上方直臂上挑至頭左上側，右拳變掌，向右下側直臂下撩至右胯外側，兩掌虎口均朝上；目視右掌（圖39）。

② 右腿向西邁出，腳尖點地，雙腿屈膝成右虛步；右掌經由右上側向下斜劈於右膝內側，掌指朝下；同時左掌附於右肩前側，掌指朝上；目視前方（圖40）。

③ 右腿向前邁出屈膝成右高弓步；同時右掌由下向右上方斜挑，虎口朝上，掌略高於頭；左掌由下向左後撩出，掌略低於肩，虎口朝上；目視右掌〈面西〉（圖41）。

【要點】：出右腿與右挑掌動作要一致，力達右掌背。

圖 40

圖 41

26. 連三掌

【動作分解】：

① 下肢不動，上身右轉；左掌由下向前上方撩起，橫

圖42

架於頭上方，掌心朝前，右掌撤回收於腰間，掌心朝上；目視前方〈面西〉（圖42）。

　②上動不停。身體左轉，雙腿屈膝下蹲成馬步；同時右立掌由腰間向右側直臂推出，掌與肩同高，左掌由頭前畫弧上挑，側架於頭左上方，掌心朝上；目視右掌（圖43）。

　③上身右轉，右腿屈膝，左腿蹬直成右弓步；右掌上架於頭右上方，左掌掄環由左、下向右前方直臂五掌推出，掌指朝上；目視左掌（圖44）。

　④上身左轉，雙腿屈膝下蹲成馬步；左掌逆時針掄環畫弧上挑側架於頭左上方，右立掌向右側直臂推出（同圖43）。

　【要點】：

　①這三掌要連續不斷推出。

　②推掌時要以腰為軸，勁從腰發，與側轉扭身協調一致。

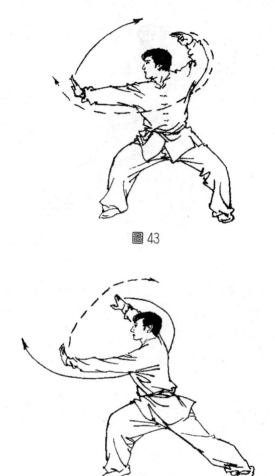

圖43

圖44

③掄環畫弧時，上臂要掄圓，始終保持掤勁。

27. 黑虎探爪

【動作分解】：身體右轉，右腿屈膝，左腿蹬直，成右

圖 45

弓步；右掌變拳收於腰間，拳心朝上，同時左掌由左、後、下逆時針畫弧後再向前直臂推出，掌心朝前，掌指分開微屈成虎爪狀；目視左掌（圖45）。

【要點】：推掌要迅猛，要由腰部發力直達掌指，盡力前探。

28. 鐵山靠

【動作分解】：下肢不動，上身左轉；同時帶動右臂屈肘向前橫靠，右拳心朝裡，拳眼朝上收於胸前。左掌合拍於右肘外側，身微前傾；目視右肘〈面西〉（圖46）。

【要點】：肘靠時要以腰帶勁與身體向左旋形成合勁。

29. 臥式

【動作分解】：右拳變掌，雙臂伸直向左右兩側由上向下畫弧同時展開；重心左移，右腿屈膝全蹲，右腿鋪直成右

圖 46

圖 47

仆步;同時右掌以掌背由上向下蓋打至右腳面,左掌隨之
於左側斜展,兩臂成一直線,左掌心朝上;目視右掌
(圖 47)。

圖 48

30. 麻行掌（挖心掌）

【動作分解】：

① 身體直立站起，隨之將右腿提起成右獨立；右掌由下畫弧撩至胸前，掌心朝裡，左掌同時上揚；目視前方（圖48）。

② 上動不停。身體空中躍起，右掌和左掌先後分別向前抓出；當右腳先落地時，右掌在落下向後經過右大腿側時與大腿外側擊響，左掌抓擊落至腹前側；目視前方〈面西〉（圖49）。

③ 上動不停。右腳向前落地成左弓步；同時右掌擊拍左大腿外側，右掌從後側由下向上挑出，高至小腹，虎口朝上，左掌再橫拍於右腕上前臂處；目視右掌〈面西〉（圖

圖 49

圖 50

50）。

【要點】：

① 這三個分解動作要連貫一起完成，中間不停頓。

② 挑掌時右前臂要與左掌合擊。

圖51　　　　　　　　　圖52

31.餓虎撲羊

【動作分解】：

①上身直起，重心後移；右掌後撤至右胯外側（圖51）。

②上動不停。左腿提起成右獨立勢；左掌撸左膝向左斜截於左胯外側，隨之右掌向右上方畫起至頭右側（圖52）。

③上動不停。身體躍起，在空中右掌向左下方斜劈至小腹部，掌心朝外；兩腳落地後成右高虛步；左掌護於右肘內側；目視右前方（圖53）。

【要點】：

①這三個分解動作要連貫一起完成，不可停頓。

②跳起與空中劈掌同時進行。

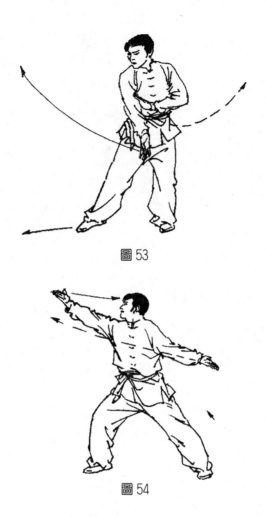

圖 53

圖 54

32. 挑釵

【動作分解】：右腿向前邁出一步屈膝，左腿蹬直成右高弓步；同時右掌由下向上直臂挑出，掌略高於頭，掌指朝前，左掌直臂後展，掌略低於肩，掌指朝後（圖54）。

圖 55

【要點】：出右腿與右挑掌動作要一致。

33.叼手

【動作分解】：上身右轉，身體重心後移於左腿，左膝
微屈；右掌變勾手，向頭右側叼拿，同時左掌變拳，由後向
前直臂沖出，拳與肩同高，拳背向上；目視左拳〈面西〉
（圖 55）。

【要點】：
① 後坐身、叼拿、沖拳同時完成。
② 後叼手與沖拳要有一個撐張之勁。

34.十字腿

【動作分解】：
① 重心前移於右腿，右腿微屈膝半蹲，隨之左腿向前
平伸彈踢，腳尖朝前，腳面繃平；在彈踢的同時，右叼手握

圖56

拳外旋，經右腰側向前直臂沖出，拳與肩同高，拳眼朝上，左拳外旋屈肘收抱於左腰側，拳心朝上；目視右拳〈面西〉（圖56）。

②左腳向身前落步；左拳內旋，從左腰側向前直臂沖出；拳與肩同高，拳眼朝上；同時右腿向前平伸彈踢，腳尖朝前，腳面繃平；右拳收於右腰側，拳心朝上〈面西〉（圖57）。

圖57

【要點】：沖拳、彈踢要勁力直達拳面、腳尖，動作要協調一致。

圖 58

35.跌步

【動作分解】：右腳向前落步；左轉身，右拳由腰側向右上方沖出，拳高於頭，肘微屈，拳心朝裡，左拳變掌，屈肘屈腕成側立掌，附於右肩前側；右腿屈膝半蹲，左腳尖點地，左腿向左側外擺，腳尖點地成左側高虛步；目視左側前方〈面東〉（圖58）。

【要點】：跌步、轉身、上沖拳要動作協調，同時完成。

第三段 （往東練）

36. 裡外翻子腿

【動作分解】：左腳向前踏半步，重心跟著移向左腿，左腿微屈，右腿隨之緊跟由後向前平伸踹出，上身微後仰，腳面與胸同高，腳尖外撇；同時右拳變掌，右臂伸展，由下向上撩托至胸高，掌心朝上，左掌跟隨右臂向前，附於右肘彎內側，掌心朝下；目視右掌〈面東〉（圖59）。

【要點】：右腳踹出時，要力貫腳前掌，右掌撩起終端要有勾回之意，要與外踹腳形成合力外撐勁。

圖59

圖60

37. 倒打紫金冠（蝎子撩尾）

【動作分解】：

①右腳在身前落步，上身左轉，左腿向右腿後插步，右膝微屈；同時左掌經右肘下穿出，向左上方外展，掌略高於頭，虎口朝上，右臂屈肘下沉附於腹前，身前傾；目視右側（圖60）。

②上動不停。重心向左腿移，上身向左側下傾，同時右腳向右後側伸展撩出，腳高於頭，腳前掌朝上；右掌隨右腿一起向後側上撩，掌高於頭；左腿直立，左掌展劈向左挑出，掌與肩同高；目視右腳（圖61）。

【要點】：

①在右腳撩出前要含胸收腹，縮肩，上身微下坐，以便於蓄力。

圖61

② 後撩腿之力要迅
捷、準確。

38.烏龍臥勢

【動作分解】：

① 右腳在身右側落
地，腳尖向外撇，上身直
立右轉，重心向右腿移；
右掌在右腿落地時順纏外
展，掌心朝上，然後迅速
逆纏內展，掌心朝下，左

圖62

掌隨之從左後側由下向上順著右前臂從右掌腕上穿出；目視
右掌〈面東〉（圖62）。

圖63

②上動不停。身體右轉，兩腿屈膝猛向下蹲，成全蹲歇步姿勢，右腳尖外撇，左腳腳跟離地，身體略向前俯；在身體下蹲同時，左掌向體前下按，掌略與腳高，掌心朝下，右掌由下畫弧撤至右胯後側，掌略高於胯，掌心朝後，臂成弧形；目視左手〈面東〉（圖63）。

【要點】：

①在圖62中，兩臂要有順逆纏絲的裏勁，左掌穿掌時左肩要下沉，左掌要順纏外展，同時有上穿之勁。

②雙掌下按與身體下蹲要迅速有力，協調一致，勁達左掌心。

39.連珠炮打

【動作分解】：

①身體直起左轉，右腳順勢向前跨半步，兩腿屈膝下蹲成馬步；右掌握拳由腰間隨右腿同時向右側直臂沖出，拳與肩同高，拳眼朝上，左掌握拳收至左側腰間，拳心朝上；目視右拳（圖64）。

②身體右轉；右拳撤回至右腰側，拳心朝上，左拳變

圖 64

圖 65

掌由左向前右方橫攔，掌心朝前下方；同時右腿後撤半步，
腳尖點地成右高虛步，上身微前傾；目視左掌〈面東〉（圖
65）。

　③上動不停。右腳向前大跨步震腳，身體左轉下蹲成
馬步；右拳由腰間隨右腿同時向右側直臂沖出，拳與肩同高
（如圖64）。

圖 66

④ 以上動作②③連續反覆 3 次。

【要點】：

① 右側跨步落地同時，左足要隨勁向右蹬地進行。

② 圖 65、圖 64 連續反覆 3 次。要打出節奏，震地有聲，銜接緊密，不停頓。

③ 右沖拳要力達拳面，左臂屈肘後撤要有拉弓之感。

40.拿法上肘

【動作分解】：

① 身體直起微左轉；右拳變掌，向左胸肩處拍抓；同時右腳後撤半步成左側高虛步；左拳由後由上掄起至頭左上側，拳高於頭，拳心朝前；目視右前方（圖 66）。

② 上動不停。右腿提起，身體右轉，同時腳尖外撇向前下方蹬出落地，左腿屈膝半蹲，成半歇步；左臂屈肘立肘

圖 67

下壓，左拳拳心朝裡，
上身微前傾；目視前方
〈面東〉（圖 67）。

【要點】：

① 右腳蹬出落地
與左肘下壓合為整勁。

② 下蹲時含胸，
左肘順纏勁螺旋下壓。

圖 68

41.青龍洗爪

【動作分解】：左腿向前大跨一步，右腿蹬直，左腿屈
膝成左弓步；同時右拳經左前臂上方向前直臂立掌推出，掌
與肩同高，掌心朝前，掌指朝上，左拳變掌，下壓於右肘下
方，掌心朝下；目視右掌〈面東〉（圖 68）。

【要點】：右推掌與左壓掌要形成合勁。

圖 69

42. 烏龍入洞

【動作分解】：

① 右腳提起，原地落地震腳，同時身體直立，重心後移至右腿，抽回左腳半步，腳尖點地成左高虛步；震腳同時，右掌變拳抽回至右肋間，拳心朝下，左掌由右拳前直臂上挑至與肩同高，掌心朝前；目視前方〈面東〉（圖69）。

② 上動不停。左腿向前邁出一步並屈膝成左高弓步；同時右拳由身右側向前下方栽捶，拳背朝上，拳與右膝同高，距右膝一肘遠，左掌屈肘屈腕護於右肘上側，掌心朝前下方，身微前傾；目視右拳（圖70、圖70a）。

【要點】：

① 震腳、抽拳、上挑和抽回左腿要同時進行，並形成整勁，迅速乾脆。

② 圖70也可完成為圖70a姿勢。即：圖69動震腳以

圖 70

圖 70a

後，右腿屈膝下蹲成左虛步，右拳向前下方直臂下栽捶，右拳與襠同高，左掌屈肘橫架於頭前側不動。

43.金磚扣玉瓦

【動作分解】：左掌向右
腕扣抓，右拳在身前外旋成拳
心向上；同時右腳腕向左腿膝
窩處扣住，左腿屈膝不動；目
視右拳（圖71）。

【要點】：

① 扣腕、旋拳要在合勁
中有一種纏繞裹勁。

② 動作要迅猛有力。

圖71

44.順水拉船

【動作分解】：右腳向右側落步成右弓步，同時帶動身
體向右斜帶出；右拳、左掌隨之向右側斜帶至腹右前側；左
腳隨右腳落地的同時，兩腳由慣性向右蹭地有聲，左膝微
屈；目視左前方（圖72）。

【要點】：

① 向右側拉帶時要順勢化帶，用力要猛，與跨步蹭地
形成一整勁。

② 蹭地時架式不可晃動，要借助右跨步的慣性完成該
動作。

45.立馬抖弓（金魚抖鱗）

【動作分解】：上身180°左轉，右腳向左前邁一大步後
雙腿屈膝成馬步；兩拳隨身體左轉向身體左右側分開，左拳

圖72

圖73

向左後甩出在左胯後側，拳心朝後，右臂成弧形，隨右腳落地的同時右肩右肘一齊向右前方靠出，右拳在右膝內側，右拳背朝前；目視右肘〈面北〉（圖73）。

【要點】：

① 180°左轉身時，身體的高度保持不變，要以上動作的

馬步原形整體轉動。

②這是肩肘同靠
的一種靠法，要求在
右腳落地同時，勁由
腰發，直達肩肘。

46.龍行勢

【動作分解】：

①上身右轉，右
腿提起微屈膝外蹬，

圖74

右腳離地與胯同高，
右腳尖外撇，左腿微屈；雙拳變掌，左掌由左後撤經右腕上
穿出，掌心朝上，右掌掌心朝上，屈肘附於左肘下〈面東〉
（圖74）。

②上動不停。身體猛向下蹲，成全蹲歇步姿勢，右腳
尖外撇，腳外側觸地，左腳跟離地，身體略向前俯；同時雙
掌迅速向體前下按，左掌在前向前伸按，離右腳約一肘遠，
距地面一腳高，右掌在後按於右膝前，兩掌心均向下；目視
左掌〈面東〉（圖75）。

【要點】：

①兩掌下按與落右腳動作整齊一致，要速度快。

②動作要剛柔相濟。

47.順步捶

【動作分解】：

身體直起左轉，右腳順勢向前跨半步震腳，兩腿屈膝下

圖 75

圖 76

蹲成馬步；右掌握拳，由身側隨右腿邁出的同時向右前方直
臂沖出，拳與肩同高，拳眼朝上，左掌握拳收至左腰側，拳
心朝上；目視右拳（圖76）。

　　【要點】：馬步右側沖拳時，左足要隨沖拳之勁隨身體
向右蹬地進行。

第四段　（往西練）

48. 提步雷公捶

【動作分解】：

① 上身直立；右拳隨之直臂向下劈於右膝內側，左拳附於右肘內側；目視右前方（圖77）。

② 重心移至右腿，左腿提起，左腳扣襠，身體以右腿為軸右轉180°；同時雙拳相合在一起，並順時針畫弧舉至肩高，再隨著轉身下砸於體前，兩拳心朝上；目視前方〈面西〉（圖78）。

圖 77

【要點】：

① 轉身要穩，與提腿砸拳協調一致。

② 下砸拳時要縮膀、含胸、上身微前傾。

49. 陰陽反手捶

【動作分解】：左腿向左前方落步屈膝成左高弓步；同時雙拳向正前方沖出，身微向右前傾，右拳在下與肩同高，左拳在上，略高於頭，兩拳眼相對，兩拳面朝前，兩拳距離約胸寬；目視前方〈面西〉（圖79）。

圖 78

圖 79

【要點】：沖拳與落步同時進行，要有撞勁。

圖 80

50.絞手十字腿

【動作分解】：上身直立，雙拳在胸前逆時針絞手舞花一圈，然後右腿向前平伸彈踢，腳面繃展；同時左拳由左腳側隨右踢腿一齊向前沖出，拳與肩同高，拳心朝上，右拳收於右腰側，拳心亦朝上〈面西〉（圖80）。

【要點】：左拳前沖與右拳收回要形成合力，並與彈踢協調一致。

51.入地探陰手（上步猴拉馬）

【動作分解】：右腳向前方落步，腳尖外撇，左腳緊跟半步，雙腿屈膝順勢下蹲成歇步，左腳跟離地；同時右拳從右腰側向前下方栽出，拳與右膝同高，拳背朝前，左拳屈肘回掛收於左肩上側，拳背朝上；目視前方〈面西〉

（圖 81）。

【要點】：

① 右腿要向前跨一大步落地，同時左腿要隨慣性以腳尖緊跟右步蹭地而進。

② 雙拳形成整勁。

圖 81

52. 弓步打虎勢

【動作分解】：身體直立，左腿向左前方跨出屈膝，右腿蹬直成左弓步；同時左拳變掌，屈肘向下按於左腿膝面，掌心朝下，掌指朝右，右拳變掌上挑於頭前側，掌心朝前，掌指朝右；目視前方〈面西〉（圖82）。

【要點】：挺胸、拔背、雙臂呈圓弧形，要保持掤勁。

圖 82

圖 83

53.右挑打

【動作分解】：身微右轉，右腿向右前方平伸蹬踹，腳尖繃展，左腿微屈保持不動；右掌由上經身體右後側隨右腿向右前方直臂撩出，掌心朝上，高不過肩，左掌由左側向上再向下合附於右肘內側；目視右掌〈面西北〉（圖83）。

【要點】：撩掌與蹬踹動作要同時完成，同時要含胸、坐胯，而且右臂要有外展之勁，左臂要有內扣的螺旋內勁。

54.右無極手（烏雞手）

【動作分解】：

① 左腿屈膝不動，上身微向右轉，同時抽回右腳，屈膝提收襠前，腳尖上翹並內扣；同時右掌內旋翻掌成掌心朝下，屈指回捋，左掌由胸前向前上方伸展臂探出並下捋按；目視左掌，身微前傾〈面西北〉（圖84）。

圖 84

圖 85

②右腿向西北邁出落下，雙腿屈膝成馬步；同時右掌
變拳，由右腰側向前直臂沖出，拳與肩同高，拳眼朝上，左
掌變拳收回至左腰側，拳心朝上（圖85）。

【要點】：

①圖84動作要剛柔相濟，雙掌回捋時要順勢化，雙臂要有相合的纏繞裹勁，要含胸縮膀，垂肘塌腕。

②落地馬步沖拳要求出拳以螺旋勁擰出，勁力由小到大，力達拳面。

55.左挑打

【動作分解】：身微左
轉，左腿向左前方平伸蹬踹，

圖86

腳尖繃展，右腿微屈保持不動；左掌由上經身體左後側隨左腿向左前方直臂撩出，掌心朝上，高不過肩，右掌由右側向上再向下合附於左肘內側；目視左掌〈面西南〉（圖86）。

【要點】：同動作53右挑打。

56.左無極手（烏雞手）

【動作分解】：

①右腿屈膝不動，左腿屈膝提收襠前，腳尖上翹並內扣；同時左掌內旋翻掌成掌心朝下，屈指回捋，右掌由胸前向前上方伸展臂探出並向胸前回捋下按，身微前傾〈面西南〉（圖87）。

②左腿向西南跨出落地，雙腿屈膝成馬步型；同時左掌變拳，由左腰側向前直臂沖出。拳與肩同高，拳眼朝上，右掌變拳收至右腰側，拳心朝上（圖88）。

圖 87

圖 88

　　【要點】：同動作 54 右無極手要點，只是本動作圖 87
中右掌可在前，也可左掌在前，要點相同。

圖89

57. 挎籃

【動作分解】：

① 身體直立，重心移至右腿，左腿向右前方斜跨步，腳尖外撇；同時左拳由左側經腹前從右向左上方外側橫打成挎肘勢，拳與頭同高，拳心朝裡，右拳下垂於右胯外側；目視左拳〈面西〉（圖89）。

② 上動不停。身體左轉，右腿隨著轉身向左前方繞跨出一大步並落地震腳，然後微屈膝成右高弓步；同時右拳由右胯側向前上方頭前橫摜拳。拳與頭同高，拳心朝下；左拳變掌擊拍於右前臂側，身微左前傾；目視右拳（圖90）。

【要點】：摜拳與右震腳同時完成，震地與手臂擊響應合為一聲，乾脆有力。

圖90

圖91

58. 蓋門三捶

【動作分解】：

　　①身體左轉，重心左移成左高弓步；同時右拳由右上方向下直臂掄劈，拳心朝外，左掌變拳，由右上經下方掄環擺至頭左上側（圖91）。

圖 92

②上動不停。身體向右轉，右拳繼續向左側、左上方掄環，再經頭前向右胯外側下掄劈；同時右腳向左側前方斜跨一步；目視右下方（圖92）。

③上動不停。右拳繼續掄環擺至右側身後；同時左腿繞跨過右腿向前邁出；左拳隨之由頭頂掄環下砸至身前下方；目視前方〈面西〉（圖93）。

④上動不停。左拳繼續掄環經身前、右側再向左側上方橫挎，拳略高於頭，拳心朝裡。右拳擺至身後側與腰同高；重心前移成左高弓步；目視左拳（圖94）。

【要點】：幾個分解動作必須連貫，兩臂必須掄圓，與調步配合一致。

圖 93

圖 94

圖 95

59. 通天炮

【動作分解】：重心前移，左腿直立，右腿由身後向前屈膝頂踢並撩襠；同時右拳由右側身後經左胯向前上方抄拳，拳面不過頭，拳背朝前，左拳收於左腰間，拳心朝上；目視右拳〈面西〉（圖 95）。

【要點】：右腿是頂膝、撩襠兩動作合一，右拳要與頂膝合勁。勁力要猛，然後撩襠。

60. 十字腿

【動作分解】：

① 右腿在身前落地，左腿向前跨一步；同時雙臂逆時針掄環舞花，右掌於頭前側，掌心朝外，左掌於腹前側，掌

圖 96

心朝下，身微後仰（圖96）。

　　②上動不停。右腿向前平伸彈踢，腳尖繃平，左腿微屈；同時左掌變拳，由腰側直臂沖出，拳與肩同高，拳眼朝上，右掌變拳收回腰間，拳心朝上；目視前方〈面西〉（圖97）。

　　③上動不停。右腿在身前落步，同時身體左轉，右拳向上直臂穿起，左拳變掌屈肘屈腕附於右肩側，兩腿屈膝成左高虛步；目視前方〈面東〉

圖 97

圖 98

（圖 98）。

　【要點】：

　① 三動作連貫進行。

　② 彈踢要猛。

61. 提步金雞捶

　【動作分解】：身微左轉，左腿屈膝提起，左腳扣襠，右腿直立成右獨立；同時右拳由上向左膝下砸拳，拳心朝上，左掌變拳收回腰間，身微前傾；目視右拳〈面東〉（圖 99）。

　【要點】：砸拳要力摜拳背，含胸收腹。

62. 挑打

　【動作分解】：身微右轉，左腿向前落腳，雙腿屈膝成

圖 99

圖 100

馬步；同時右拳上挑橫架於頭頂右上方，拳眼朝下，左拳由
腰間直臂沖出，拳與肩同高，拳眼朝上；目視左拳
（圖 100）。

圖 101   圖 102

【要點】：上架右臂要內旋屈肘，沖拳要有撐勁。

63. 抱肘

【動作分解】：上身直立，左腿收回與右腿併攏；雙臂同時收攏合抱於胸前，兩拳兩肘要併攏，兩拳心朝上；目視左前方（圖 101）。

【要點】：雙臂要有裹勁、合勁。

64. 收勢

【動作分解】：雙拳變掌，分別向身兩側下按，頭轉正；目平視，立正站好〈面南〉（圖 102）。

八法拳

對練圖解

第一段 （甲進步往東練 乙退步往西練）

1. 預備勢

甲穿黑衣，面南併步站立。

乙穿白衣，面北併步站立。

二人側面相對站立，兩手自然下垂於體側，相距2～3步；兩眼平視前方（圖103）。

【要點及實用法】：

① 全神貫注，虛領頂勁，挺胸、含腹、直腰，兩臂自然下垂。

② 養成一種遇敵時要神情安靜，集中精力注意對方，但無氣浮、急躁的習慣。

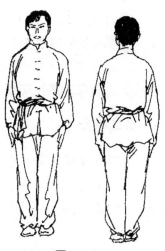

圖103

圖104

2. 起勢

【動作分解】：甲乙二人同做。

雙手握拳，同時快速屈肘，分別提到兩腰側，兩拳心朝
上，拳面朝前（圖104）。

【要點及實用法】：

① 發拳要緊，雙肘微向外擴。

② 在打擊點處拳要緊握才可擊敵，拳鬆會自傷。

3.二龍出水

【動作分解】：甲乙二人同做。

① 下肢不動，右拳以腰帶勁，從腰側向正前方直臂沖
出，拳與肩同高，拳眼朝上，沖拳時身要微向左轉（圖
105）。

② 右拳收回右腰側，拳心朝上，同時左拳以腰帶勁，

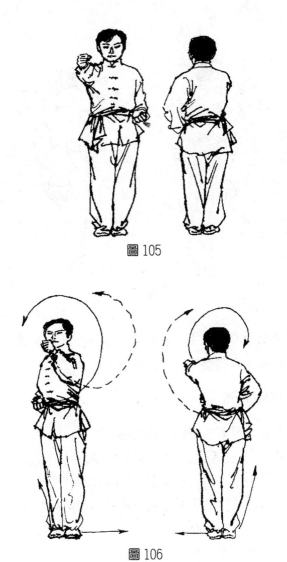

圖 105

圖 106

從左腰側向正前方直臂沖出，拳與肩同高，身微右轉，拳眼
朝上（圖106）。

圖107

【要點及實用法】：收拳與沖拳動作同時完成，兩臂形成前後撐勁，以腰發勁，力達拳面。

4.提袍撩袖

【動作分解】：甲乙二人同做。

左腳向左側橫跨出一步，同時雙拳順時針從右下至左下方掄出，再由左下向右上掄環；同時提右膝成左獨立勢，右腳裡扣；右臂屈肘微觸右膝面，右拳面朝前，左拳上架於頭左上側；目視右拳〈面南〉（圖107）。

【要點及實用法】：

①出腿、提膝、掄臂要協調一致，要快速沉穩，兩臂不丟掤勁。

②雙掄臂一周，下要保護襠部，上要保護頭面部。

圖 108

③ 右肘立肘要有右掤之意。

5. 平拳

【動作分解】：甲乙二人同做。

右腳向右側橫跳步落地，同時左腿屈膝提起成右獨立；右拳向右側直臂沖拳，拳與肩同高，拳背朝上，左拳同時變掌，由前上方弧形擺動屈肘附於右肩前，掌心朝前；目視右拳（圖 108）。

【要點及實用法】：

① 跳步、提膝、沖拳、擺掌，動作要協調一致。

② 實用中身可前探。

圖 109

6. 插手

【動作分解】：

① 乙身左轉，向甲方邁左腿，屈膝成左高弓步；左挾
肋拳；右拳由上向甲頭部砸拳。

② 甲左轉身，落左腳，左掌下插；目視乙方（圖
109）。

【要點及實用法】：

① 乙實際向甲由上向下斜砸甲面頰。

② 甲插手是預計低頭插乙襠部挑乙。

7. 獅子大張嘴

【動作分解】：

① 甲向乙進右腿微屈膝成右高弓步；同時左掌上架乙
右腕，右拳拳心朝上由下向上撞向乙胸前（圖110）。

圖 110

圖 111

　②乙重心後移，身向後閃成左虛步，雙手抓甲右腕，
兩大拇指直按甲右拳背，順勢扳拿（圖 111）。

【要點及實用法】：

① 甲抓乙右
腕，在實用中需抓
寸、關、尺脈。右撞
拳要肌肉繃緊，整勁
上撞心窩。

② 乙抓拿甲右
腕需兩大拇指直按甲
右拳背，向甲方屈
腕，拿法中通稱「白
馬窩蹄」。

圖112

8.鐵丸杆

【動作分解】：

① 甲左掌下截擊乙雙腕，同時收回右拳，右腿同時抽
回半步，再急速上右半步成右高弓步；隨之再快速以右鑽拳
擊乙面部，左掌附於右肘下。乙鬆開甲腕退左腳，後閃身
（圖112）。

② 乙下肢不動，雙掌同時由甲右臂外側抓拿甲右臂並
順勢捋。甲向後抽身，抽左拳於身後（圖113）。

【要點及實用法】：

① 甲抽右拳時要沉右肩，含胸，左截掌要凶狠；鑽拳
要與進右半步合成整勁。

② 乙抓甲右臂要抓筋及腕關節，或向後捋帶甲。

③ 此為翻子拳中的「鐵丸杆」。

圖113

圖114

9.十字捶

【動作分解】：甲下肢不動，左拳由右肘下直臂穿出，
從乙雙前臂上方橫擊乙胸，同時用力向身後回抽右臂
（圖114）。

圖 115

【要點及實用法】：

①穿打左橫拳時，雙臂要同時向胸前抱肘合勁，抽右臂
與出左拳形成擰裹之力，要含胸、沉右肩，下塌右臂，向下
坐勁，左拳要由右肘下走弧線打出。

② 此為形意拳中橫拳用法。

10. 拍膝

【動作分解】：

① 乙下肢不動，用右掌挑開甲左拳，同時向甲胸左沖
拳，拳眼朝上（圖 115）。

② 甲下肢不動，用左手盤肘屈指抓拿乙左腕，掌心朝
下（圖 116）。

【要點及實用法】：甲左手也可向右下橫擊乙左拳。

11. 貫耳

【動作分解】：

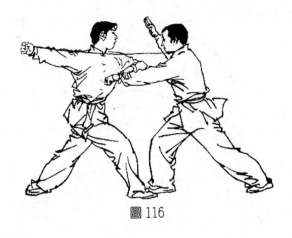

圖116

圖117

①甲接上動不停，右高弓步不動，右拳由後平掄以拳背直打乙左耳廓，左掌護右臂，頭微左傾。

②乙右轉並後閃身，雙掌向右橫格開甲右臂，目視甲方（圖117）。

要點及實用法：

①甲右拳出擊乙耳廓時，左手護之，更有一層意義為

圖 117a

防護自己前下方。

　②因為橫貫拳勁力很大，所以乙一般以雙手擋合適，
或後閃。

12.平步抱肘

【動作分解】：

　①乙屈膝成馬步，以右沖拳擊甲胸，左掌左上架。

　②甲左轉身屈膝成馬步，以右肘立肘向左外側靠開乙
右臂，左掌護肘（圖118）。

【要點及實用法】：

　①甲左掌實際上與右肘對乙來手可形成剪截的反關節
拿擊之法（合用）。

　②如果乙用左沖拳，此拿法更狠，甲右肘向外靠，左
手向內撥或扣拿乙左腕，可斷對方之肘，過程如圖117a、圖
118a所示。

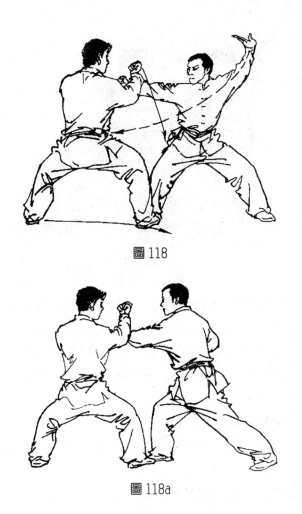

圖118

圖118a

13.絞手臥勢

【動作分解】：

　①乙右轉身成右弓步，以左拳打甲後肋，右拳上架於頭右側。

圖 119

②甲左腿向右腿後插步，同時右臂向右後方撩開乙左臂，目視乙，左掌向左上方直臂展出（圖 119）。

③乙退右腿成左高弓步以右拳平沖擊甲右肋前側，左拳收於左腰側。甲進右腿成右高虛步，並用右臂由右上斜下劈截乙右臂，左掌護於右肘內側（圖 120）。

【要點及實用法】：

①甲用的是幾種側身防衛法，後側來拳向後撥，前側來拳向前截劈。

②防衛、進攻都要眼神緊跟。

14. 挑釵

【動作分解】：

①乙再向後退左腿成右高弓步，同時右掌反背向甲頭部橫擊，左掌直臂後展與肩同高。

②甲進右腿成右高弓步，並以右掌側上架乙右腕，左

圖 120

圖 121

掌直臂後展，與肩同高，目視對方（圖 121）。

【要點及實用法】：甲橫挑乙右臂要力貫掌背，隨進步
形成合力。

圖122

15. 踢打對面捶

【動作分解】：

①甲右轉身，左掌由後往前從下向左上外側挑開乙右手，甲右掌直臂後撩，與肩同高（圖122）。

②甲上動不停。疾速用二起腳向乙胸腹部踢去，乙雙腳疾速同時躍起向後跳開，然後以右高弓步站定，並用左掌下拍甲右腳面（圖123）。

③甲上動不停。右腳隨之向乙身前落地，屈膝成右高弓步，同時以雙拳順勢向乙前胸直撞去（雙撞捶），左拳打在乙前胸右上側，右拳打在乙前胸左下側，兩拳眼相對，上身微前傾（圖124）。

【要點及實用法】：

①甲用左掌上挑乙右臂後，使乙正面閃出空隙，故甲

圖 123

圖 124

可乘虛以二起腳擊之。

　　②乙快速後撤時，一般都用後躍跳為快捷，必要時還
須含胸閃開攻來的拳勢。

圖125

③ 這裡採用的雙撞捶為翻子拳中的雙撞捶，要求雙臂要保持掤勁，與右腳向前落地形成合勁。雙拳沖出時，肩要盡力下沉，意念要直達雙拳面。

16. 滾心肘（堂公肘）

【動作分解】：

① 乙在甲用雙撞捶打來時，上身後閃，同時以雙掌從甲雙臂之間由下向上向兩側挑開。兩人下肢不動；目視對方（圖125）。

② 乙上動不停。疾右轉身上跨半步屈膝下蹲成馬步，同時以右沖拳襲擊甲胸，左掌變拳收於左腰側。甲疾左側轉身，同時重心後移於左腿，右腿隨著重心後移向後撤半步躲閃。雙臂由右側向上掄環以右臂立肘掛開乙右沖拳（圖126）。

圖 126

圖 127

③甲上動不停。雙臂繼續逆時針由上向左掄環，然後右腿向乙方跨進半步屈膝成右高弓步，同時以右臂盤肘順勢向乙胸部頂肘，左掌輔助於右拳面上。乙後閃身同時右轉成右高弓步，並用雙掌推擋甲肘（圖127）。

圖 128

【要點及實用法】：

①順勢頂肘和肘靠，在實戰中為近身打法，但在破對方來手與自己出手的動作必須銜接緊密，往往還相應跟進步法，以增強頂肘力度。

②對於進攻肘法，乙也可採用躲閃之法及其他。

17. 烏龍蓋頂

【動作分解】：

①甲下肢不動，用左掌由左上方向下截擄乙腕，同時右拳變掌，由內向外直臂反掌以掌背下拍乙頭部。

②乙下肢不動，用右掌上架甲右掌，左拳擊甲右肋（圖128）。

【要點及實用法】：

①反背拍掌可擊乙頭百會穴，也可擊乙面部。

圖 129

② 乙遇這種來手，上架手必要時可抓拿甲腕部，同時左手可乘隙進攻甲右肋。

18. 掐雞捏嗉

【動作分解】：甲跳步閃身成右獨立，並用右掌向下撥開乙左來拳，乙向後退右腿（圖129）。

① 甲上動不停。左腳向前落於乙身前成左高弓步，同時用右掌指直掐乙咽喉。乙再退右腳，閃身後仰並用右手反關節擒拿甲右腕（圖130）。

【要點及實用法】：

① 甲掐喉要力達手指，實用中拗步掐比順步掐好，順步掐易被對方閃空或順手擒拿。

② 乙在實用中可閃躲，或用手臂格開，抓腕擒拿只是一種破法。

圖130

19. 順步捶

【動作分解】：

① 甲回抽右手成右夾肋拳，同時右腿平伸彈踢直取乙襠部，左沖拳擊乙面部。

② 乙疾退左腿閃開右腿屈膝成右高弓步，並用右掌撥開甲左沖拳，左掌下拍甲右踢腳（圖131）。

③ 甲右腳向乙方身前落下，同時左轉身，雙腿屈膝成馬步，以右拳側沖拳擊乙胸。

④ 乙側身閃開，同時屈膝蹲成馬步，以右拳側沖拳擊甲胸，甲乙左拳夾肋（圖132）。

【要點及實用法】：

① 甲彈踢沖拳中，拳腳互補，一虛一實，可能拳虛晃而實用腳，也可能腳虛晃而實用拳，也可兩者兼備實，故乙必須都重視。

圖 131

圖 132

②馬步沖拳時，進攻中含有側身閃躲之法，因實戰中，步伐入深時，必須注意閃躲。

圖133

20.砸步雷公捶

【動作分解】：

① 二人起身直立，甲向乙右前側調步斜擊乙肋，乙也
向甲右側調步，攔格甲右臂（圖133）。

② 甲反手直臂掄砸乙頭部，乙反手直臂向上斜架（圖
134）。

③ 乙疾180°右轉身，右腿屈膝成右高弓步，以左拳擊
甲後腦，甲疾180°右轉身成左弓步，側身低頭，右臂屈肘上
架乙左臂，同時雙拳擊乙胸。右拳在上，擊乙胸左上側，左
拳在下，擊乙胸右下側（圖135）。

【要點及實用法】：

① 這是一種實戰中的側調步之法，力求在調斜方位的
同時，找空隙進攻。

圖 134

圖 135

②圖 135 中，甲右臂不但屈肘上架了乙來手，而且同時也採取了進攻，這是一種攻防兼備的手法。

第二段 （往西練）

21. 五龍絞柱

【動作分解】：

① 乙向後閃身，同時左臂由左下經右下向左上逆時針直臂掄圓畫開甲雙臂，右拳直臂後展。甲上身直立，左臂側架乙左臂，右拳直臂後展（圖136）。

② 乙疾左手擒拿甲左手腕，順勢左轉身，右手去抓甲頭部，甲側頭閃開（圖137）。

③ 甲右臂由右下直臂掄圓，向右上方挑開乙右臂，同時抽回左臂於身後，乙退右步（圖138）。

【要點及實用法】：

① 在實戰中，乙為了襲擊甲頭部，一般需用舞花絞手

圖136

撥開甲雙臂，右手可抓頭，也可用「二龍戲珠」法，二指直取甲雙眼。

②圖137中，乙抓甲右腕應掐穴位，此時右臂也可立肘向外橫格甲左臂肘部，同前面的平步抱肘法。

圖137

圖138

③ 圖 138 中，甲應用纏絲旋膀之法，掙脫左手，右臂由下向上穿打乙。

圖 139

22. 天地手

【動作分解】：

① 甲進兩步絞開乙臂以後，左腳在前成左弓步，雙掌向前推乙胸。

② 乙後閃身躲開（圖 139）。

【要點及實用法】：甲在進步絞手時，須採用蓋步或後插步，身側進，上臂隨時有靠打之用，推掌與進步協調一致。

23. 絞手

24. 進步一枝連環手（這兩動作連在一起）

【動作分解】：

① 乙右轉身撤右腿，左臂由下從甲右側畫開甲雙臂，右拳直臂後展。甲以左臂側掛拳，攔住乙右臂，右拳收至頭右側（圖 140）。

② 甲上動不停。右拳由左肘下穿出順時針雙臂打舞花，絞開乙手臂同時進右腳成弓步，右拳由下向上穿拳打乙

圖 140

圖 141

下頜，左掌護於右肘內側。乙疾退左腿，再退右腿向後閃身，同時左掌向右、右掌向左外側順勢托化甲右臂（圖141）。

圖142

【要點及實用法】：

① 甲立肘穿拳時，左拳必須護於右肘內側，因為在實戰中乙在化解時，右手或左手可順勢擒拿甲右腕，另一手可抓甲右肘斜方向一扭，這種順勢擒拿能使肘或肩脫臼（俗稱「相子抱瓶」）。

② 演練時，圖141甲連續向前蹭步上穿右拳連做兩次（為進步連環手），乙連續後蹭步兩次。

25.挑釵

【動作分解】：

① 甲左腿向後插於右腿後，同時右臂後撩乙左臂，左掌向上挑開乙右手（圖142）。

② 乙左轉身後撤左腿並屈膝成馬步，右沖拳打甲右肋，左拳收回腰側。甲側進右步成右高虛步，右掌下劈乙右臂，左掌護於右肘內側（圖143）。

圖 143

圖 144

③乙以右掌反背向甲右後側頭部擊去，左掌直臂後
展，掌與肩同高。甲右腿上半步，右掌上挑側架乙右臂，左
掌直臂後展，掌與肩同高（圖 144）。

圖145

【要點及實用法】：圖141到圖142，甲用了上下手對開對方擒拿的破法，在實際中常用，這種對開掙脫法需要一種炸崩之勁，一種震勁。

26. 連三掌

【動作分解】：

①甲腿不動，右轉身，用左掌挑開乙右臂，右掌後撤於右胯側（圖145）。

②甲上動不停。疾左轉身，雙腿屈膝下蹲成馬步，右掌直臂立掌側平推乙胸，左掌上架於頭左側；乙右轉身，左掌由下向左外側橫挑開甲右掌，右掌後抽於右胯側（圖146）。

③甲疾右轉身成右弓步，並以左掌平推擊乙胸，右掌抽回落於頭右側。乙疾左側轉身，同時以馬步右推掌格開甲左臂，左掌側架於頭左上方（圖147）。

圖146

圖147

【要點及實用法】：

①一般在實戰中對方門戶大開時，例如乙胸部暴露太大時，甲即可連環推擊掌，如果平素掌上有功，胸部被推擊會是很嚴重的。

圖 148

② 推掌時要以腰帶勁，力從丹田發。

③ 這種來掌，被推者（乙方）應疾閃開並橫挑開。

27.黑虎探爪

【動作分解】：甲下肢不動，用右掌挑開乙手臂，用左掌抓乙胸，乙右側閃身抽回右掌於身右後側，同時以左手取甲咽喉（圖 148）。

【要點及實用法】：

① 甲用的是一種常見的普通抓法，一般抓時要力達手指。

② 乙可抓甲手並施以相應的拿法，這裡介紹的是一種躲閃兼進攻法。

圖149

28.鐵山靠

【動作分解】：

① 甲回抽左手，以左手直擒拿乙左手腕，同時左轉身，右臂屈肘向乙左臂外側橫靠，打擊乙肘關節（圖149）。

【要點及實用法】：

① 甲用這種肘靠法，要以腰旋轉發勁，力達肘側，可斷對方臂。

② 如果乙是用右手進攻，甲用左手擋開乙右手，右肘可直接靠打對方胸部。

③ 如果乙在上式「黑虎探爪」中，以左手擒拿甲左腕，甲在這裡可用旋腕反擒拿法，引伸乙臂，然後再用此法靠打。

圖150

29. 臥式

【動作分解】：乙掙脫左手，甲順勢用右掌反背側擊乙頭部，乙用右手臂上架，兩人下肢均不動，乙後閃身，重心後移於腿，兩人左掌均直臂後展，掌與肩同高（圖150）。

【要點及實用法】：實戰中，進攻之手往往可連打。

30. 麻行掌（挖心掌）

【動作分解】：

① 甲右掌下按乙右臂，同時躍起用左手抓擊乙胸部。乙亦同時跳起，用左臂擋開，兩人空中換步，落地都成左高虛步（圖151）。

② 上動不停。甲再進左腳屈膝成左弓步，同時右掌由後下方向乙襠部撩擊，左掌護於右肘內側。乙後閃身成左虛步，雙掌交叉向下攔截（圖152）。

圖 151

圖 152

【要點及實用法】：

①甲實戰中可跳起直擊對方面部或胸部，左手要由後上方向乙頭部胸部猛擊。

②撩襠是為了利用跳起落地後的衝擊力再出手之法。

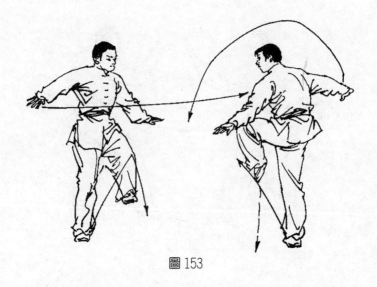

圖153

乙也可後退避之。

　③因為甲跳起凌空而下，攻擊力較大，對手一般可後撤，也可像本動作跳起迎之。

31. 餓虎撲羊

【動作分解】：

　①甲用左掌向下截開乙雙手，乙雙手後撤，同時提回左腿成右獨立勢。甲也同時提起左腿成右獨立勢，雙手向身體兩側分開（圖153）。

　②接上動不停。乙首先跳起在空中用右拳直臂向甲頭部打去，左掌上架於頭左上側，落地成右獨立勢。甲在乙跳起的同時也隨之跳起左轉身，在空中用右掌直臂從身體右後側向前下方截劈乙打來之右臂，左臂向後展，落地後成左獨立勢。兩人均目視對方（圖154）。

圖 154

【要點及實用法】：

① 乙方對於身體較自己高的對手（甲方），要襲擊頭部時往往需要跳起來完成，乙在跳起時要盡量往高跳，同時要力貫拳面。甲在跳起下劈乙右臂時，同樣要力貫手臂，要形成一種由上向下的衝勁。

② 甲對於乙的這種進攻，更可以下蹲身體來閃開對方進攻，同時還可以乘勢進攻對方下身。

32. 挑釵

【動作分解】：

① 乙左腿向後落腳，右腿屈膝成右弓步，同時以右掌掌背直臂向甲頭右側擊去，左掌直臂後展架於左後側，掌與肩同高。

② 甲右腿向乙方落腳並屈膝成右高弓步，同時用右掌

圖155

直臂上挑乙右臂。左掌直臂後展，掌與肩同高。兩人目視對方（圖155）。

【要點】：同圖150。

33.叼手

【動作分解】：

①甲下肢不動，右轉身成右高弓步，用右手翻腕變勾手來叼拿乙右腕，同時左拳向乙頭部直臂沖拳。

②乙下肢不動，以右臂屈肘上架，避開來拳（圖156）。

【要點及實用法】：

①甲叼腕時，擒拿術中是要求抓穴位，右手回拉、左手沖拳形成合力開勁，實戰中此拳打擊力很大。

②乙方屈肘上格是用一種纏絲勁破勢化解的，同時要側歪頭閃過。

圖156

34. 十字腿

【動作分解】：

①甲抽左拳，隨之左腿平伸彈踢乙襠部，右手向乙頭部直臂沖拳，拳心朝上。乙退右腿成左弓步閃過，同時右掌拍擊甲左腳面，左掌向上側挑開甲右拳（圖157）。

②甲向前落步，隨之又起右腿向乙彈踢並直臂左沖拳。乙向甲左側跨左腿閃過，同時用右掌向左側推甲左臂外側，左掌於右肘下（圖158）。

【要點及實用法】：

①在實戰中，乙在圖158中的閃躲法往往用在繞到敵身後的一種進行法，乙推掌時可用右掌，也可用左掌，而右掌比左掌更妙，因屈在右臂下的左臂此時若向甲方左外側一翻抖，便是一種很好的雙推掌。

②甲的連環沖踢，其中腳和拳一定要分清主攻和次攻。

圖 157

圖 158

圖 159

35. 跌步

【動作分解】：甲乙雙方同時朝各自的前方跨出一步，然後左轉身成左側高虛步，同時右拳直臂向右上方沖拳，拳心朝左，左掌屈肘附於右肩內側，掌心朝右，兩人目視對方（圖 159）。

第三段　　（往東練）

36. 裡外翻子腿

【動作分解】：

①乙左轉身，向甲進左腿屈膝成左弓步，左掌變拳直臂伸向甲左肋側砸拳，右拳直臂後展。甲左轉身以左掌撩乙

左拳腕，右拳變掌撩乙右肘，同時向左側掛開乙左臂（圖160）。

②甲上動不停，重心前移至左腿，疾起右腿側踹乙腋下肋部。乙疾退左腿成右弓步，左掌下拍甲右腳（圖161）。

【要點及實用法】：

①甲掛掌與踹腿要緊跟進行。

②實戰中掛掌可改為擒拿乙手臂再踹腳，形成開勁，其打法更精。

37.倒打紫金冠（蝎子撩尾）

【動作分解】：

①上動不停。甲右腳向乙身前落下，乙左轉身屈膝成馬步以右側沖拳打甲肋，左拳上架於頭左上方。甲左轉身，左腿向右腿後插步，同時用右臂向後撩開乙右臂，左掌直臂

圖160

圖 161

圖 162

外展於頭左上方（圖162）。

　②甲上動不停，疾起右腿後撩乙襠部或小腹。乙疾右
轉身退右腿且左掌順勢向右外側撩撥甲右腳，右掌後展於頭

圖163

右側（圖163）。

【要點及實用法】：

① 甲撩右腿時眼要盯準對方，實戰中這一腿功力很大，不但可撩對方襠部、腹部，也可撩擊對方肋部或擊腿，但出擊以後，收腿要快。

② 乙用手撩開甲腿時，實戰中也可快速擼抓甲腳腕上提，再變換其他手法。

38. 烏龍臥勢

【動作分解】：

① 上動均不停。甲右腿向乙身前落地。乙疾進左腿微屈膝成左高弓步，上身前探以右手抓拿甲右後肩，左手握拳收於左腰間（圖164）。

② 甲疾右轉身，右手旋腕抓拿乙右手腕，左手下按並旋扭乙右膀（圖165）。

圖 164

圖 165

圖166

③甲上動不停,雙腿屈膝下蹲成半歇步,雙手繼續旋扭乙右手臂。乙順勢盤腿下坐成坐盤勢,沉肩化解,左掌後展(圖166)。

【要點及實用法】:

①在圖164實用中,乙可抓甲頭髮、肩部或後腰以變換手法。

②甲轉身破勢擒拿時,要兩臂用螺旋纏絲的裹勁。乙方須沉肩旋膀順勢化解。

③甲右手上提、左手下按要形成合勁。

39.連珠炮打

【動作分解】:

①乙抽出右臂,起身向甲邁進右腿,且雙腿屈膝成馬步,右拳直臂沖拳擊打甲前胸,左拳拳心朝上收回至左腰側。甲疾左側轉身閃開乙右拳,同時雙腿屈膝下蹲成馬步,以右拳直臂向乙前胸沖拳,左拳拳心朝上收回至左側間(圖

圖 167

圖 168

167）。

②乙疾身起立，右轉身雙腿同時後撤半步成右高虛步，右拳收回至右腰間，拳心朝上，左拳變掌由左側向右橫撥甲右肘（圖168）。

圖 169

③甲抽回右臂，右腳向前踏半步，同時左腳蹬地緊跟半步仍成馬步姿勢，右拳仍直臂沖拳打乙前胸，左拳於左腰側變掌畫弧護於右肩內側。乙疾雙腳蹬地同時向後退半步閃開，同時以右掌從左側向右橫撥開甲右臂且左轉身。左掌直臂後展與肩同高（圖169）。

④甲以左掌向右撥開乙右臂，右臂抽回右腰側再向乙胸部打去，同時右腳向前踏半步，左腳緊跟蹬地半步仍成馬步沖拳，左掌仍附於右肩內側。乙又疾退雙腳，蹬地後退半步，並右轉身以左掌向右側橫撥甲右臂，右掌變拳收於右腰間，下肢成右高虛步（圖168）。

⑤重複上動③（圖169）。

【要點及實用法】：

①甲進右腳落地時要震地有聲，要與右沖拳合力整勁。

②甲下肢在運動前進中一直保持馬步型。連沖三拳要

以左掌連撥三次（向右橫撥）。

③實戰中，這種手法出擊要快，力要迅猛。

40. 拿法上肘

【動作分解】：

①乙右腿向甲邁半步後，屈膝成右高弓步，同時伸右手

圖170

直臂抓甲前胸，左掌變拳收回至左腰側，拳心朝上。甲疾上身直立並右側轉身後閃（圖170）。

②甲以右手扣抓乙右手腕及手掌，同時向右轉身並上身前傾，用左臂立肘下壓乙右肘外側。同時右腿提起以右腳掌側蹬乙右腿膝高。乙順勢左轉，沉右肩，右腿屈膝（圖171）。

【要點及實用法】：

①本式是一種常見的擒拿術，一般不用腿。這裡以右腳同時蹬踹對方右腿給對方以極大的制服力。如果是側蹬乙右腿外側，往往可斷其腿。

②甲右手抓拿乙右

圖171

圖172

手時，要連同自己的前胸衣服抓在一起並以右手緊緊壓在自己胸上，這樣在右側轉身時才能更好地震鬆對方手臂之勁，才能有效地擒拿對方。

③左臂立肘下壓時，要含胸縮肩，使左臂與胸肩形成一種纏裹的含勁。立肘可壓對方肘關節，也可下壓對方腕部。但必須是反關節施加壓力。

41. 青龍洗爪

【動作分解】：

①乙身體起立，右轉身，退右腳。甲跟進左腿屈膝成左弓步，右掌向乙胸部直臂推掌，左掌心朝下，附於右臂下方（圖172）。

②乙雙掌將甲右掌按在自己胸前，左腿屈膝成左弓步，同時前傾身下窩住甲右腕。甲沉右肩屈右肘順勢化解（圖173）。

圖 173

【要點及實用法】：

①乙退步，甲緊跟打掌是借對方後退勁將對方發出的一著妙手，推發掌時大跨步進腿是借助步伐形成整勁。

②乙用的是對方抓胸的又一種擒拿術，是又一種「白馬窩蹄」。實戰擒拿時，乙需配合含胸、傾身，雙手要壓死對方手腕於自己身上，不可使其脫開，而且要快捷凶猛。

42. 烏龍入洞

【動作分解】：

①甲用左手橫擊乙胸，同時乘勢抽出右拳，後閃身提左腿成右獨立勢，雙臂向兩側分開。乙同時後閃身，提起左腿成右獨立勢，雙掌向兩側分開（圖174）。

②甲向前落左腳，屈膝成左弓步，同時右拳栽捶直打乙襠部，同時左掌護於右手臂。乙左虛步，雙掌交叉封住甲右拳腕（圖175）。

圖 174

圖 175

圖175a

③乙可落地成為右弓步，雙手交叉擒抓甲右拳腕（圖175a）。

【要點及實用法】：

①甲要掙脫乙擒拿雙手，在出擊左手時同時要震右腳，與之形成合勁，這在武術中屬於一種震法，往往用以掙脫自己被對方擒住的手足。

②掙脫時，左手也可直取乙的頭部，以此轉移對方注意力來掙脫自己。

③在進步栽捶打乙的襠部時，同樣要左掌護住右臂。

43.金磚扣玉瓦

【動作分解】：上式乙封住甲右腕時，甲疾用左手並配合右手抓拿乙雙手或重點擒拿乙某一手，同時收右腳於左腿膝窩處，以備蓄勁（圖176）。

【要點及實用法】：擒拿雙手可用「雙纏絲」法，擒拿單手一般重點擒拿乙右手，可用「金絲纏腕」法，這都是反關節擒拿術。

圖176

44. 順水拉船

【動作分解】：

① 甲猛向右側大跨一步，落右腿屈膝成馬步，同時雙臂用力向右牽動乙整個身體。

② 乙向甲方緊跨左腳跟步，屈膝成馬步與甲對峙（圖177）。

【要點及實用法】：

① 甲提右腳時下坐身是為了儲備動力，向右大跨步閃身同時要猛力牽動對方形成整力，這是一種抖法。實戰中常用抖法來打動對方的根基。

② 實戰中乙在功力不足於對方的情況下，可隨對方的牽動先跨入，以免被牽動摔倒，二人取馬步低勢，以保底盤穩固。

45. 立馬抖弓（金魚抖鱗）

【動作分解】：

① 乙左轉身並以右腿為軸，後撤左腿成馬步，並用手牽動甲。甲以左腿為軸，左轉身，隨乙跨進右腿成馬步，順

圖177

圖178

勢用右肩、右肘同時向乙胸部靠打，雙手握拳，左臂向左後
展出。

　②乙疾用左掌護於胸前（圖178）。

圖 179

【要點及實用法】：

① 甲用肩肘靠打乙時，要隨著進右腳形成整勁，瞬間爆發一種抖勁。

② 實戰中跟步靠打往往可將人打出老遠。

③ 實戰中乙左掌護胸時要同時含胸後閃。

46. 龍形勢

【動作分解】：

① 乙起身，以右拳向上沖打甲面部，甲疾起身，提右臂屈肘外旋上架，並用右手抓拿乙右腕（圖 179）。

② 甲隨之右轉身，屈膝下蹲成半歇步，用左掌按乙右肩後側，雙手旋扭乙右臂。乙左轉身下沉身體，右腿下跪化開（圖 180）。

【要點及實用法】：

圖180

圖181

① 甲提肘上架時，須左側身閃之。

② 抓腕與扭動乙臂用的是纏絲勁。左掌不是簡單的下壓，而是一種向外揉動對方肌肉並沉按的擒拿術。

47. 順步捶

動作分解、要點說明與圖132相同（圖181）。

48. 提步雷公捶

【動作分解】：

① 如圖 182，與圖 133 說明、要點和用法相同。

② 如圖 183，與圖 134 說明、要點及用法相同。

③ 甲以右腿為軸，提左腿成右獨立，同時 180°右轉身，雙拳同時下砸乙右臂。乙以右腿為軸，左腿提起右轉180°，左腳前落成左弓步（圖 184）。

【要點及實用法】：甲提腿直身是為了取高勢（幾乎躍起），由上向下雙拳合力砸對方一臂，實戰中是為了擊損對方臂，並且給下一招打下了進攻條件。

圖 182

圖183

圖184

圖 185

49.陰陽反手捶

【動作分解】：上動不停。乙以右拳由後向前直臂掄摜打甲頭右側，右拳收回於右腰側。甲向左側偏頭讓過，左腿向前落地成左弓步，雙拳直撞乙胸，右拳打乙胸左上側，左拳打乙胸右下側（圖185）。

【要點及實用法】：甲進拳時右肘上提，格架乙臂，形成攻護同時進行。

50.絞手十字腿

【動作分解】：

①甲用右臂向右外下側撥壓乙左臂（圖186）。

②甲緊接著右腿平伸彈踢乙腹部，同時左拳沖打乙胸，右拳收回右腰側。乙疾後退右腿成左弓步，右手上挑甲左拳，左手下拍甲右腿（圖187）。

圖 186

圖 187

【要點及實用法】：甲撥手與進攻緊接。實戰中，甲右手可將撥乙拳改為抓住乙腕向自己方拉帶，同時出拳，打擊力會更大。

圖188

51. 入地探陰手（上步猴拉馬）

【動作分解】：甲向前落右腿，左腳緊跟半步於右腿後，兩腿屈膝成半歇步，右拳拳心朝下栽捶打乙襠部，左拳以拳背朝上收於左肩上側。乙疾退左腿成右弓步，雙手下攔截甲右手腕（圖188）。

【要點及實用法】：

① 甲前跨步應向乙襠中落腳，落腳與栽捶應形成合勁。

② 甲左拳在實戰中應用是上托對方肘臂並控制之。

52. 弓步打虎勢

【動作分解】：

① 乙下肢不動，抽出左手抓甲頭部，右手仍抓拿甲右腕（圖189）。

圖189

圖190

②甲左拳下截乙右腕，右掌上挑乙進攻來的左臂，同時進右腿屈膝成右弓步。乙退右腳成左弓步（圖190）。

【要點及實用法】：

①實戰中乙在襲擊甲頭部時，也可擊面部或眼部。

圖191

②甲用下手打對方上手，用上手打對方下手為實戰中的一種對開手法，以增強打擊力。

③甲上步與挑撥之手要形成一種彈抖之力，方可震開對方。

53.右挑打

【動作分解】：乙右轉身，雙腿屈膝成馬步，用左沖拳直臂打甲胸，右掌變拳收於腰間。甲雙掌上撩乙左臂，同時右腿平伸蹬踹乙肋下（圖191）。

【要點及實用法】：甲撩掌時要做到右掌控制對方腕部，左掌控制對方肘部，腳直取乙肋下。

54.右無極手（烏雞手）

【動作分解】：

①乙疾抽左臂，順手撩開甲右腿，同時左轉側身用右

圖192

拳擊甲腹部。甲疾翻雙掌抓住乙右臂下捋（圖192）。

②乙疾抽右臂，同時左轉身後退，左腿屈膝成馬步，直臂右沖拳打甲胸。甲上動不停，疾落右腿成馬步，右側沖拳打乙胸，雙方左側轉身閃開，左拳均收於腰側（圖193）。

圖193

【要點及實用法】：

①甲在捋乙右臂時要縮身後閃。

②甲在落腳打順步捶時，實戰中是擒住乙腕不放，以

圖194

增大打擊力。

55. 左挑打

【動作分解】：甲雙掌上撩乙打來的右臂，同時平伸左腿蹬踹乙肋下，乙疾退右腿閃過（圖194）。

【要點及實用法】：同前面右挑打。

56. 左無極手（烏雞手）

【動作分解】：

①乙右側轉身屈膝成弓步，用左沖拳打甲腹部，右掌展臂上架於頭右側上方。甲疾提回左腿屈膝扣襠成右獨立，同時翻手以雙掌下捋乙左臂（圖195）。

②甲上動不停，向乙方落右腿，屈膝下蹲成馬步，並以右側沖拳打乙胸部。乙以左側沖拳打甲胸，兩人均側身閃

圖 195

圖 196

開，右拳均拳心朝上，收於腰間（圖 196）。

【要點及實用法】：

① 圖 195 勢中乙也可左轉身，以左弓步右沖拳打甲腹

圖 195a

部，甲同時用雙掌下捋乙右臂，如圖 195a 所示。

② 其他同前面右無極手。

57. 挎籃

【動作分解】：

① 甲起身，左腳向自己的右前側斜跨半步，同時左臂掛開乙左臂。乙同時向自己的右前側斜跨半步（圖 197）。

② 甲上動不停，左轉身，向乙方跨右腳成右高弓步，同時右臂由後向乙頭部直臂橫貫，左手護於右上臂內側。乙左轉身，側跨右腳成右高弓步，雙手向外橫擋甲右臂（圖 198）。

【要點及實用法】：

① 甲上右腳與橫貫拳要協調一致。

② 實戰中乙也可低頭、後閃讓過此拳。

圖197

圖198

圖199

58. 蓋門三拳

【動作分解】：

①甲乙下身不動。甲以右臂順時針掄環，由下經左側橫擊乙頭部。乙用右臂向右外側架開，兩人左拳均直臂後展（圖199）。

②上動不停。甲右轉身掄圓左臂，以左拳由後向乙頭擊去。乙左轉身，以左臂向下側擊甲左臂。兩人右拳均直臂後展（圖200）。

③上動不停。甲左臂由下向右翻臂橫擊乙頭部。乙翻左臂橫擋之（圖201）。

【要點及實用法】：

①第一動中，甲是利用乙雙手橫擋之力順勁由下掄環換方位襲擊乙的。

②第二動是乙順甲來拳之勢斜向下打甲臂的。

圖 200

圖 201

③第三動是甲順著乙向下擋之勁又換方位襲擊乙的。

④這是一種練習手臂反覆進攻的手法，也是實戰中的連環擊法。

圖202

59.十字腿

【動作分解】：

①甲右臂由後、由下向上挑開乙左臂（圖202）。

②甲上動不停，用左腿平伸向乙彈踢，同時向乙直臂右沖拳，左拳收於腰側。乙疾退右腿成左弓步，同時左掌上挑甲右拳，右掌向下拍擊甲左腳面（圖203）。

【要點及實用法】：

①甲起腿踢乙襠部，上沖拳虛中有實。

②實戰中，乙對此類拳可閃開。

60.通天炮

【要點及實用法】：

①甲左腳向前落地，同時雙手打舞花撥開乙臂（圖204）。

圖203

圖204

② 甲上動不停，以右拳屈肘由下向上向乙下腭抄擊，
同時右腿屈膝提起，向乙襠部頂去，左拳附於右肘內側。乙
疾退左腿成右弓步，並後閃身，同時左掌上托，或向外橫撥

圖 205

甲右肘，右掌下按或向外橫撥甲右膝（圖 205）。

【要點及實用法】：甲用此法，實戰中雙方必須在近身處才能用，遠距離不行。

【說明】：這個對練與單練成「通天炮」與「十字腿」故意前後換了一下，也可先打「通天炮」，無需拘泥。

①甲向前落右腳，同時左拳向乙面部沖拳。乙左掌側擊甲左臂外側，同時向甲左後側進左腿閃向甲身後（圖206）。

②兩人向前落腳，右拳直臂上沖拳，拳心朝前，左掌屈肘附於右肩內側，回身看對方，均為左側虛步（圖207）。

【要點及實用法】：圖206中乙所用的側閃法，在實戰中常為閃身敵後之法，乙的左掌側擊甲，如果力大，可擊倒甲。所以甲在此情況下用「閃肩法」閃過。

圖 206

圖 207

圖208

61. 提步金雞捶

【動作分解】：

① 乙向甲跨左腿，屈膝成左弓步，同時左拳直臂向甲腹部擊去，右臂向後伸展，右手握拳與肩同高。

② 甲提左腿，屈膝扣襠成右獨立勢，身微左轉，同時右拳由後上方向乙左臂下砸，右拳心朝上，左拳收挾於左腰側，目視對方（圖208）。

【要點及實用法】：甲提膝扣腳主要為護襠和護小腹，而且用右臂下砸可以閃出左半身蓄力以備後用。

62. 挑打

【動作分解】：

① 乙抽回左拳，收於左腰側，同時以右拳直臂從後由

圖 209

上向甲頭部斜砸去，下肢不動。

②甲用右臂上挑乙右臂，同時左腿向乙身前落地，並屈膝成左弓步，目視對方（圖209）。

③甲上動不停，順勢右轉身成馬步，同時用左沖拳打乙胸部，右拳回收於右腰側。乙閃身躲開甲左沖拳，右轉身，用馬步以左沖拳反擊甲胸，右拳收於右腰側，甲也側身讓開（圖210）。

【要點及實用法】：

①乙必須在甲下砸拳時避開來勢之猛力，以免受傷。同時甲上面已空出，乙可乘虛襲擊。

②甲已出的右臂在回抽時順勢上挑乙右臂，在實戰中，這出招回招均為好手，類似這樣的手法可以縮短進招的時間。

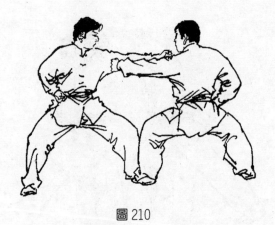

圖 210

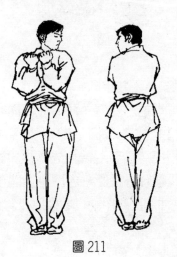

圖 211

63. 抱肘

【動作分解】：甲乙雙方同時直身收回左腿，兩腿併步直立，同時二拳屈肘含抱於胸前，兩拳心朝上，目視對方（圖211）。

圖212

64. 收勢

【動作分解】：甲乙二人同時將拳變掌，兩臂自然下垂
於腿外側，身體併步直立，目視前方（圖212）。

八法拳

打手歌

二龍出水左右沖，提袍撩袖莫放鬆。
平拳獨立向右打，插手下勢襠底攻。
獅子張嘴當胸取，鐵翻杆似鑽拳用。
十字捶勢一面逼，拍膝貫耳擊耳輪。
平步抱肘第一靠，絞手臥勢擋兩旁。
挑釵勢下存殺機，踢打對面拳緊跟。
攻勢最猛滾心肘，烏龍蓋頂翻手用。
掐雞捏嗉力在指，順步捶下腳併行。
砸步雷公把身回，五龍絞柱把面封。
天地手下接絞手，進步一枝插步跟。
挑釵又接連三掌，黑虎探爪抓當胸。
橫打肘來鐵山靠，臥勢不臥劈迎門。
撥開來拳空中躍，挖心掌下有挑襠。
側身躍起又躲閃，餓虎撲羊往下衝。
挑釵叼手十字腿，跌步亮相抖威風。
裡外翻子撩腋底，倒打紫金腹下蹬。
烏龍臥勢反手拿，連珠炮打來勢凶。
拿法上肘兼用腳，青龍洗爪變化妙。

金磚扣瓦抓筋脈，反背纏絲順手拉。
上步一膀馬步靠，龍行勢下把道橫。
順步一捶接雷公，陰陽反手兩相沖。
絞手十字藏一腿，入地探陰鬼也慌。
進步一弓打虎勢，左右挑打不留情。
無極手中順勢化，下部一腿又撩陰。
左顧右盼把籃挎，蓋門三捶打縱橫。
十字腿又通天炮，上頂咽喉下頂襠。
回身提步金雞捶，挑打腋下更難防。
撤步抱肘順勢帶，全在應用變化上。

八法槍

　　在武術套路中，八法槍屬大槍套路。槍長一丈餘，槍把直徑約雞蛋粗，又稱大杆子。

　　八法槍演練起來剛勁勇猛，每招每式都講究技擊實用，實戰意義很強。全套二十多個動作，沒有一勢為花架。因此，過去戰爭年代，軍隊常訓練格鬥用。

　　八法槍主要以攔、拿、扎、崩、托、抖、纏、劈八字為主應用。

八法槍
動作名稱

1. 預備勢
2. 大開門
3. 提槍在左
4. 珍珠倒捲簾
5. 懷中抱月
6. 撥草尋蛇
7. 鐵牛耕地
8. 中平槍
9. 同袖槍
10. 黃龍托杆
11. 枯樹盤根
12. 橫劈華山（橫掃千軍）
13. 大開門

14. 朝天柱香（朝天式）
15. 指南針（太公釣魚）
16. 滴水式
17. 伏虎槍
18. 退步拈杆
19. 鷂子入林
20. 黃龍托杆
21. 絞手劈槍
22. 風絞雪
23. 同袖槍
24. 鳳凰三點頭
25. 中平槍
26. 收勢

八法槍

動作圖解

第一段　　（面南往東練）

1. 預備勢

【動作分解】：右手持槍，併步站立，槍垂直立於身體右側，槍把端觸地，左手自然下垂於左腿外側，兩眼平視〈面南〉（圖213）。

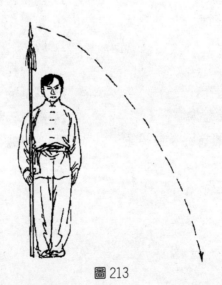

圖 213

圖214

【要點】：頭正，頸直，嘴閉，下腭微收。

2.大開門

【動作分解】：

① 右手將槍提起，在左手協助下將槍身向左前方伸出，使槍頭慢慢觸地，右手隨之向後滑握住槍把端，左臂屈肘；左掌側立附於右腕內側，挺胸塌腰；目視槍尖（圖214）。

② 右腿向後撤一步並屈膝半蹲，左腳尖點地成左虛步；左臂向左側平伸展出，左掌與肩同高並屈腕，使掌指朝前，虎口朝下，同時右手握槍把，向右側展臂拖槍，右手與肩同高；目視前方（圖215）

圖 215

【要點】：

① 前伸槍要平穩。

② 右臂展出時槍尖不離地。

3. 提槍在左

【動作分解】：左手虎口朝槍尖，向前探握槍身，提起槍向左撥槍，左手握槍至左胯外側，使槍尖指向身體左側斜下方；右手向右上方抽槍，手略高於肩，身微左傾；目視槍尖（圖216）。

【要點】：撥槍動作要快捷，虎口朝前，正手握槍。

4. 珍珠倒捲簾

【動作分解】：

① 左腳向左側邁出一步，兩腿屈膝成馬步，右手握槍

圖216

圖217

把於右腰側，槍身與腰同高，由左手掌心朝上絞動槍尖，依次由下、前、上、後次序逆時針繞環（直徑約與胸寬）三圈；目視槍尖（圖217）。

圖218

②上動不停。左手握槍上舉，使槍身斜向左上方挑
起，槍身緊貼胸，掌心朝下；同時提左腿屈膝扣襠，成右獨
立步；目視前方（圖218）。

③上動不停。左腳向左前方大跨步落地，雙腿屈膝成
馬步；同時槍身下劈，右手握槍把置於右大腿根部，左手與
肩同高；目視槍尖（圖219）。

【要點】：

①纏繞槍時力要沉穩，槍身後部要緊貼胸腰，右手微
低，使槍與人為一整體。

②舉槍上挑時，要吸氣含胸，身微前傾，蓄力。

③下劈槍與左踏足要合成整勁，呼氣發力，力達槍前
身，定式要穩要準。

圖219

5. 懷中抱月

【動作分解】：

① 右足向南跨一步，微屈膝，上身直立；同時槍尖依次由上向後、向下再向前逆時針繞環三圈（直徑約與胸寬），右手與腰同高，左臂屈肘，左手與肩同高；目視左前方（圖220）。

② 上動不停。左足向右足併步震腳，身體直立；同時左右手向上翻腕，槍身經由下向前、向上後回欄，槍身要平，右手背和左手心向前，雙手與肩同高；目視槍尖（圖221）。

【要點】：

① 纏槍要沉穩有力。

② 托槍要與左足併步震腳形成合勁，力達槍身，右手有下壓勁，左手有上托勁，槍尖向上崩。

圖 220

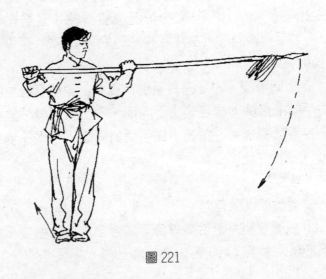

圖 221

圖 222

6. 撥草尋蛇

動作分解：

① 右腳向後退步；同時槍尖由上往左下順時針畫半圓（其圓直徑約有人高），左右手向下翻腕成撥槍動作，手心朝後，槍尖朝斜下方；左腿屈膝成左高弓步；右手與肩同高。左手與胯同高；目視槍尖（圖 222）。

② 上動不停。槍尖繼續往後至上畫半圓，同時重心後移，右腿微屈膝，左腳尖點地，左手心向上托槍，槍尖斜向上，右手握槍把於右腰側，左手略高於左肩；目視槍尖（圖223）。

③ 上動不停。槍尖繼續依次向前、向下、向左、向後畫半圓，並向後下方猛撥；同時左腿隨槍尖向後猛撤；右手

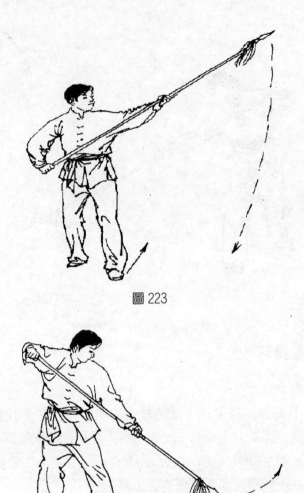

圖223

圖224

槍把向上提至肩高，左手直臂翻向後內旋纏撥，槍尖斜向
下；目視槍尖（圖224）。

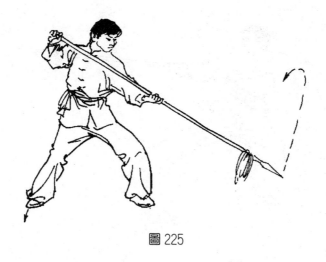

圖 225

【要點】：

① 纏繞槍時，槍身要緊貼身胸。

② 下撥槍要有力，力達槍前身。

7. 鐵牛耕地

【動作分解】：左腿向前跨一大步，屈膝成左弓步，右腿蹬直；同時槍尖由左後下方向前側方猛托，右手至右肩同高，左手外旋，手心朝上，左臂直臂伸展，槍尖斜向右前下方；目視槍尖（圖 225）。

【要點】：槍身緊貼前胸，右手有後拉勁，左手臂要有前抗之勁，雙勁合為一。

8. 中平槍

【動作分解】：

① 左腳不動，右腳向前跨半步；雙手將槍托起與胸同

圖226

圖227

高，右手向上翻腕並後抽，左手直臂平托，手心朝上，使槍
尖向前、上、後逆時針纏繞一直徑約與肩寬的半圓，名為攔
槍；右腿屈膝，左腿斜鋪伸直，重心右傾；目視槍尖（圖
226）。

　②上動不停。重心中移成馬步；同時右手向下翻腕，
右手內旋扣腕，手心朝下，使槍尖向上、向前下順時針壓
槍，名為拿槍；目視槍尖（圖227）。

圖228

③右腿蹬直，腳尖裡扣，上體左轉面向東，左腿屈膝
成左弓步；同時右手直臂前推，使槍向前平伸扎出，兩手臂
與肩同高〈面東〉；目視槍尖（圖228）。

【要點】：

①這三動必須連貫緊湊，攔、拿、扎槍必須槍身緊貼
胸腰。

②扎槍要以腿根發力，通過右手臂直達槍尖。

③左手必須端平槍，不許晃動。

9. 同袖槍

【動作分解】：

①身體不動；右手握槍把向左腕下後抽拉，同時左手
平握槍直臂內旋，手與肩同高，手心朝後方，使槍前身向後
橫撥〈面東〉；目視槍尖（圖229）。

②上動不停。上身直立，右腳向前跨半步，腳尖點
地，右腿伸直；同時右手從左腋下抽槍，往頭右上方翻腕上

圖 229

圖 230

抖，手高於頭，左手外旋，手心向上，手與肩同高，將槍身
向前抖出；目視槍尖〈面南〉（圖 230）。

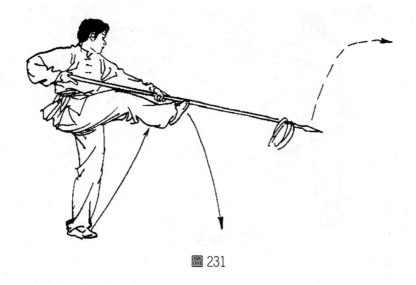

圖 231

【要點】：

① 腋下抽槍橫撥時，槍身與左直臂緊貼，槍與臂為一整體，不可鬆勁。

② 外抖槍時，抖勁要猛，槍要遠離身，力達槍前身。

10. 黃龍托杆

【動作分解】：

① 左手內旋，手心向下直臂壓槍，左手與胯同高，右手翻腕內旋，握槍於右肩下側；同時右腳提起用腳內側觸踢槍身；目視槍尖（圖 231）。

② 上動不停。左腿用力蹬地，使身體躍起，空中換步，右腿向前先落地；同時右手直臂推槍向前上方扎出，槍尖略高於頭；目視槍尖（圖 232）。

③ 上動不停。左腳隨之向左前方落地，兩腿屈膝成馬

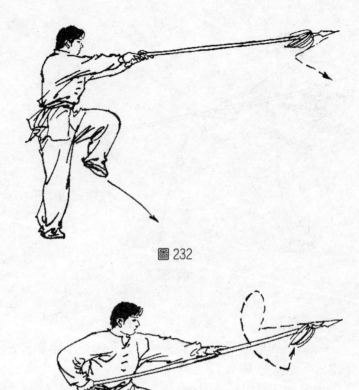

圖232

圖233

步；同時右手回抽槍把置於右腰下側，左手由上直臂向下劈
槍，手與肩同高；目視槍尖（圖233）。

【要點】：

① 踢槍、躍步扎槍要動作靈活。

② 馬步下劈槍時，要與落地震腳協調一致，力達槍前

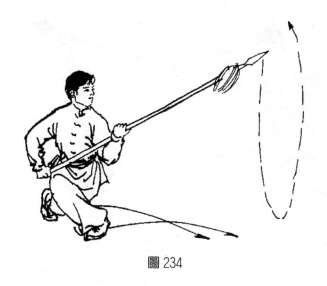

圖 234

身，力要整。

11. 枯樹盤根

【動作分解】：身體微右轉，面向東南，隨之左腳經右腿後插步，兩腿屈膝全蹲成歇步；同時右手向後抽槍把，並逆時針纏槍下壓，使槍尖逆時針繞一直徑約胸寬的圓，左手前滑握槍身，並翻腕使槍尖上崩，左手心朝左肩，手與肩同高，右手與右胯同高；目視槍尖（圖 234）。

【要點】：歇步與崩槍同時完成，力達槍尖。

12. 橫劈華山（橫掃千年）

【動作分解】：

①上身直立，左腳向前邁一步，隨之右腳向左腿前蓋步，腳尖外撇，同時槍尖隨步法順時針纏繞一圈至左後上方

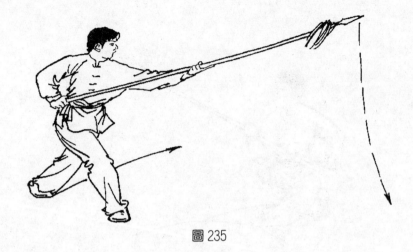

圖235

（直徑約一人高）；目視槍尖（圖235）。

　②上動不停。左腿向左後方橫撤步並蹬直，右腿屈膝成右弓步；同時槍前身由左後上方向前下方橫劈，左手直臂伸展，手心朝下，手與膝同高，右手握槍把貼於右腰間；目視槍尖〈面南〉（圖236）。

　【要點】：纏繞圈與進步協調一致。劈槍與後撤步協調一致。右手回抽與左手下劈形成合勁，力達槍前身。

13.大開門

　【動作分解】：左腳向南跨一步，面向正南，雙腿屈膝下蹲成馬步；槍尖由下經前向左上方抖槍，左手心朝後，手與肩同高，右手掌向下翻腕，下按槍把，右手置於右膝上端；目視槍尖（圖237）。

　【要點】：右手向前下方按與左手後抖形成合勁，與上左腳協調進行。動作要乾脆，力點要準。

圖 236

圖 237

14. 朝天一柱香（朝天式）

【動作分解】：

① 上身直立，右腳向南邁半步，腿微屈，左腿蹬直；

圖238

槍尖由上向後、向下逆時針畫弧，右手翻腕擰把抽槍，手與肩同高，左手外旋腕，手心朝上，手與胯同高；目視槍尖（圖 238）。

②上動不停。左腿緊跟半步震腳，身朝正南，雙腿屈膝下蹲成馬步；槍尖由前下向上畫弧抖槍，使槍身垂直於地面，右手略低於膝，左手與肩同高，手背朝前，槍直立於右側胸前離胸一掌遠；目視左前方（圖 239）。

【要點】：抖槍與上步震腳同時進行，合為整勁。

15. 指南針（太公釣魚）

【動作分解】：身體直立挺胸，右足向左足併攏立正，同時震腳；槍尖由上向左側下震槍，左手背朝前，兩手與肩同高，槍身平舉於胸前，槍尖朝左側；目視槍尖（圖240）。

【要點】：震腳與下震槍同時完成，形成整勁。

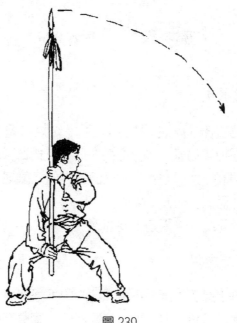

圖 239

圖 240

16. 滴水式

【動作分解】：右腳向西退步，左腿屈膝半蹲成左弓步；右手握把舉過頭，推槍把向左前下方扎槍，左臂伸展，左手與肩同高，手心朝上，槍尖斜指地面，離地一腳面高；目視槍尖〈面東〉（圖241）。

【要點】：槍尖要盡力向前探。

17. 伏虎槍

【動作分解】：兩手握槍，同時向下翻把用力，使槍由上向下劈壓，同時下肢不動，身體前傾，使槍杆接近地面，力達槍身前段，但槍杆不觸地（撲槍動作），左手心朝下；

圖241

圖 242

目視槍前身（圖 242）。

【要點】：壓劈槍時要力達槍杆前端，但槍尖不得觸
地。

18. 退步拈杆

【動作分解】：退左腿於右腿後側，雙腿屈膝全蹲成歇
步；同時雙手逆時針纏槍，使槍尖繞一直徑約與胸寬的圓，
然後右手回抽槍並下壓使槍尖上崩，右手置於右膝前，左臂
伸直，左手與肩同高；目視槍尖〈面朝東北〉（圖 243）。

【要點】：歇步上崩槍要動作一致，崩槍時右手要有回
抽之力。

19. 鷂子入林

【動作分解】：

① 左足用力蹬地，使身體凌空躍起，同時右手直臂推

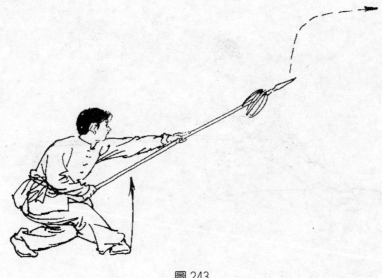

圖243

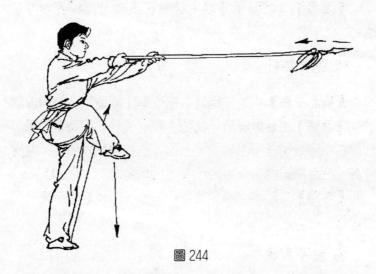

圖244

槍把向前方扎出，使槍尖略高於頭〈面東〉；目視槍尖（圖
244）。

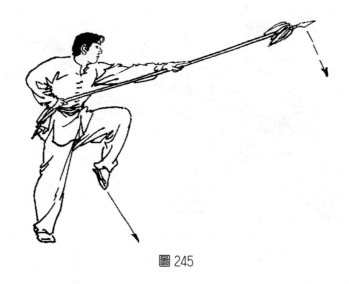

圖 245

②上動不停。右腿先落地，右手抽槍把於右腰側（圖245）。

③上動不停。左腳向左前方落地，雙腿屈膝半蹲成馬步；同時左手用力向下劈槍，左手與肩同高，手心朝下，右手於右腰側；目視槍尖〈面東〉（圖246）。

【要點】：

①躍起扎槍要快捷。

②落地劈槍要與左足落地震腳同時完成，合為整勁。

20.黃龍托杆

【動作分解】：

①身體直立，其動作分解與要點與圖231相同。

②上動不停。其動作分解與要點與附圖232相同。

③上動不停。其動作分解與要點與附圖233相同。

圖 246

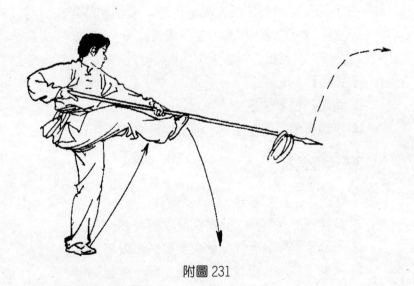

附圖 231

附圖 232

附圖 233

圖247

21.絞手劈槍

【動作分解】：

①左腿後退，於右腿後成插步，右腿微屈膝，上身微
前傾；左手向裡旋腕，使手背朝前，纏槍上攔，左手與肩同
高，右手直臂向後抽槍於右胯後下側；目視槍尖〈面東南〉
（圖247）。

②身體直立，右腿蹬直，上身微左轉，同時左腿屈膝
提起，腳尖扣襠；右臂屈肘上提槍把，位於頭右上方，右手
略高於頭，左手握槍身，直臂向前、向下，再向左後方順時
針畫弧下撥槍，左手位於左胯外側；目視槍尖（圖248）。

③上動不停。身微右轉，左腿向左後方撤步並蹬直，
同時右腿屈膝成右高弓步；左手握槍，繼續順時針畫弧，使
槍尖由後經由上方向前下方劈下，左手位於身前，與腹同

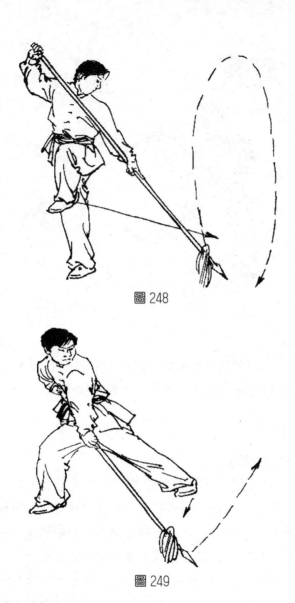

圖 248

圖 249

高，右手握槍把緊貼於腰右側，左手手心朝下；目視槍尖
〈面南〉（圖 249）。

圖250

【要點】：

① 三個分解動作要連貫、協調，中間不可停頓。

② 槍身要緊貼身體，槍的運行要隨腰轉動。

22.風絞雪

【動作分解】：

① 身體左轉；同時右手握槍把，上提至頭右側，手與頭同高，左手握槍身，直臂帶槍向左後方撥槍，槍尖離地面約一腳面高，左手與胯同高，手心朝上；目視槍尖；左腿蹬直，左腳尖外撇，右腿微屈成右高弓步（圖250）。

② 上動不停。上身微向右轉，右腿保持高弓步；右手握槍把，置於右肩前側，槍身貼胸，左手直臂握槍，由後向前推槍，使槍尖由左後方向前掃過，槍尖移動距離與兩腿邁開距離一樣。槍尖離地約一腳面高，左手心朝上；目視槍尖

圖 251

（圖 251）。

【要點】：

①撥槍時，槍身必須緊貼前胸和左臂，不可分開。

②前後撥槍時，左腿也可以隨槍協調動作，即槍往前撥時，左腿往後撤，槍往後撥時，左腿往前滑步。

23.同袖槍

【動作分解】：

①左腿向前跨半步，雙腿屈膝成馬步；同時右手握槍把，屈肘抽槍，擰把裡旋於胸右側，左手握槍，直臂平伸，並向上翻腕，使手心朝上，使槍尖由前向上、向後逆時針畫弧（圓弧直徑約與胸寬）攔槍，兩手與胸同高，槍身平置且緊貼胸臂；目視槍尖（圖 252）。

②重心後移，左腿屈膝提起，左腳尖下垂，右腿隨之

圖 252

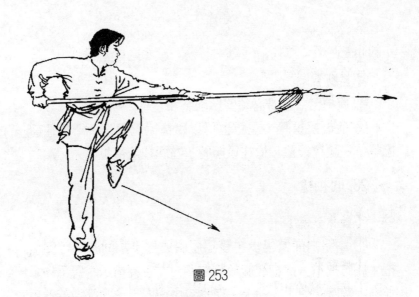

圖 253

直立成右獨立；右手握槍把，盡力向後抽槍，左手直臂握
槍，手心朝下拿槍，雙手與腰同高，槍身緊貼腹部，身微前
傾；目視前方（圖253）。

圖 254

③上動不停。左腿向前落腳，屈膝成左弓步；同時右
手握槍把直臂前推，左手持槍後滑，使槍向前平伸扎出，雙
臂平伸直與肩同高；目視槍尖〈面東〉（圖 254）。

④下肢保持不動；右手握槍把，向左腋下後背抽拉，
同時左手直臂握槍並手心朝後下方纏槍，手與肩同高，使槍
前身向後橫撥；目視槍尖（圖 255）。

⑤上動不停。右腿向前跨半步，右膝微屈成右高弓
步，左腿蹬直；同時右手從左腋下抽槍把，往頭右前上方翻
腕上抖，手高於頭。左手握槍旋腕，手心朝上，手與肩同
高，將槍身向前抖出；目視槍尖〈面南〉（圖 256）。

【要點】：

①攔拿攔槍和直臂後抽槍時，槍身必須緊貼胸或臂。

②抖槍要力達槍前身，勁要整。

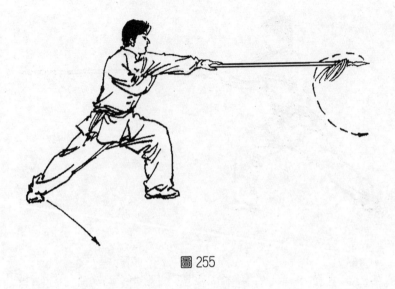

圖 255

圖 256

圖 257

24.鳳凰三點頭

【動作分解】：

① 右腳向身體右後方撤半步，腳尖外撇，屈膝半蹲成右高弓步，左腿蹬直，腳尖外撇；左手握槍身，直臂上挑，手高過頭，手心朝下，右手握槍把，下壓於右膝內側，身微後仰；目視槍尖（圖257）。

② 上動不停。重心左移，左腿屈膝半蹲，右腿隨之蹬直成左高弓步；左手握槍身，手心朝下直臂下劈，槍尖離地約一腳高，右手握槍把，提收於右腰側，槍身緊貼胸腹部，身微前傾；目視槍尖（圖258）。

③ 以上兩分解動作反覆三次。

【要點】：

① 挑槍與劈槍動作要凶猛有力，槍身要緊貼胸腹，與

圖 258

圖 259

身體合為整體。

②上下反覆三次要連續不斷。

25. 中平槍

【動作分解】：圖259、圖260、圖261動作分解及要
點同圖226、圖227、圖228一樣。

圖 260

圖 261

圖262　　　　　圖263　　　　　圖264

26. 收勢

【動作分解】：

①重心右移，左腿向右腿併攏立正；同時左手持槍，向前、向上繞動，右手向身體右側落下，使槍尖上挑，而後右手鬆握槍把，使槍把端向下滑落觸地，左手輔助使槍直立於體右側。然後右手抓握槍杆，左手屈肘立掌附於槍側，掌指朝上，掌心朝右（圖262）。

②左掌向左側直臂立掌平推，掌與肩同高，掌指朝上，掌心朝左；目視左掌（圖263）。

③左臂下垂，五指併攏貼附於左胯側成併步直立；目視前方〈面南〉（圖264）。

【要點】：挺胸，含腹，虛領頂勁。

八法槍

歌　訣

　　單手拉栓大開門，左手提帶順勢撥。
　　珍珠捲簾把槍纏，跨步挑槍踩中央。
　　閃身下劈顯身段，懷中托起一輪月。
　　回身撥草去驚蛇，南山鐵牛把地耘。
　　上步一杆同袖槍，抽槍一抖擊中堂。
　　黃龍托杆蛇吐信，立馬劈槍震四方。
　　枯樹盤根反纏槍，橫掃千軍大殺傷。
　　誘敵深入大開門，朝天封門一柱香。
　　太公釣魚滴水式，順勢壓杆伏虎槍。
　　退步拈杆取坐盤，鷂子入林穿天上。
　　馬步一杆定太平，前托後撥呈黃龍。
　　先插後提絞手槍，風絞雪中變化多。
　　同袖槍中穿托抖，鳳凰三點用崩劈。
　　中平槍式顯威風，抽槍一提歸收勢。

附：

作者

習武生涯

　　作者武世俊，男，1945年出生於山西省孝義縣。因原籍一帶是形意拳發祥地，他從小就酷愛武術。八歲時隨父到山西大同，當年拜本市著名民間拳師賈虎臣爲師。學藝期間，他尊敬師父，刻苦練功，學得了「少林五行梅花門」的拳械，並得其眞傳。七年以後，經師父推薦，先後又投拜鄧威盛、李天贊等數位拳師，從學於「洪拳」「八法」「通臂」「華拳」「查拳」等多類拳術拳種，從不同的角度、不同的風格、不同的身法手法上進行了深造。至此，他紮實地打下了長拳類的底功，爲今後鑽研進修其他類拳種奠定了良好的身體素質。

　　在多次參加省市以及全國武術比賽並擔任裁判員期間，他主動向與會的武林同仁及參賽回來的師兄弟們學習切磋，互相取長補短，交流研討。因而又學得了如「八卦」「南拳」「形意」等拳械套路。

　　1966年底，他開始接觸陳式太極拳，並經人介紹，在北京投拜田秀臣老師，潛心鑽研練習陳式太極拳的拳理及拳械套路的演練技巧和新老套路，把握不同的演練風格。在田老師的悉心傳授下，以及後來接

觸到的馮志強、鄧杰等太極名師的精心指導下，使他在陳式太極拳的功法練習、推手、技擊、器械等方面受益頗深。他演練的陳式太極拳沉穩灑脫，起伏跌宕，鬆活彈抖，纏綿不斷，讓人回味無窮。

武世俊於 1967 年開始正式收徒授藝。當時他主要教授長拳及形意類的拳種，如「梅花拳」「八法拳」「五行拳」「通臂拳」等拳械套路。

1974 年他開始在大同地區推廣陳式太極拳，使當時眾多武術愛好者初識此拳，感到非常新穎，因此從學者甚多。他熱心地推廣傳授此拳，十五年以後，此拳得以在大同地區廣爲流傳。在這個基礎上，經當時市體委、市武協批准，於 1988 年秋成立了「大同市陳式太極拳研究會」，由他擔任會長。

現在，已習武近半個世紀的他，仍舊虛心好學，從不自滿。在大型武術比賽期間，他都爭取廣交各地拳友，不斷研究挖掘一些即將遺失的武術內容。

如在 1985 年，他和其他幾位師兄弟積極參與了山西省武術挖掘整理工作，對山西省內流傳的不同拳種及主要演練的代表傳人，進行了考訂並整理了資料。在省內有關武林人士的協助下，對陳式太極拳的散手擒拿與山西地區流傳的洪洞通背拳作了詳盡的比較。並對八法拳、械等一些即將散失的優秀套路親自作了演練示範，錄像歸檔。也就是在此時，他萌生了整理一些資料出版成冊、以饗廣大武術愛好者的想法。《八法拳、八法槍》一書就是在這種思想指導下整理出來的。

武世俊在一生的習武生涯中，嚴格要求自己，力求精益求精。對中國武術幾大類的拳理法則、技擊技巧和演練風格不斷加深理解與比較，融會貫通了其中的理論要領。經他演練的套路，體現出精氣神相合，手眼身法步協調，風格突出，手法準確，花樣翻新。形成了一套獨特的、不拘一格的演練技巧。他內外兼修，造詣頗深，尤精「八步金蟬鴛鴦手法」。在平時授徒過程中，他示範動作規範、嚴謹，內容豐富多彩，寓於變化，從而深受大家的尊敬。

多年來他經常從事組織武術比賽、裁判和教練工作。他把大部分精力傾注在了中華武術的推廣和發展中。

大展出版社有限公司
品冠文化出版社
圖書目錄

地址：台北市北投區(石牌)
　　　致遠一路二段 12 巷 1 號
郵撥：01669551＜大展＞

電話：(02) 28236031
　　　　28236033
傳真：(02) 28272069

・生活廣場・品冠編號 61

1. 366 天誕生星　　　　　　　　李芳黛譯　280 元
2. 366 天誕生花與誕生石　　　　李芳黛譯　280 元
3. 科學命相　　　　　　　　　　淺野八郎著　220 元
4. 已知的他界科學　　　　　　　陳蒼杰譯　220 元
5. 開拓未來的他界科學　　　　　陳蒼杰譯　220 元
6. 世紀末變態心理犯罪檔案　　　沈永嘉譯　240 元
7. 366 天開運年鑑　　　　　　　林廷宇編著　230 元
8. 色彩學與你　　　　　　　　　野村順一著　230 元
9. 科學手相　　　　　　　　　　淺野八郎著　230 元
10. 你也能成為戀愛高手　　　　　柯富陽編著　220 元
11. 血型與十二星座　　　　　　　許淑瑛編著　230 元
12. 動物測驗─人性現形　　　　　淺野八郎著　200 元
13. 愛情、幸福完全自測　　　　　淺野八郎著　200 元
14. 輕鬆攻佔女性　　　　　　　　趙奕世編著　230 元
15. 解讀命運密碼　　　　　　　　郭宗德著　200 元
16. 由客家了解亞洲　　　　　　　高木桂藏著　220 元

・女醫師系列・品冠編號 62

1. 子宮內膜症　　　　　　　　　國府田清子著　200 元
2. 子宮肌瘤　　　　　　　　　　黑島淳子著　200 元
3. 上班女性的壓力症候群　　　　池下育子著　200 元
4. 漏尿、尿失禁　　　　　　　　中田真木著　200 元
5. 高齡生產　　　　　　　　　　大鷹美子著　200 元
6. 子宮癌　　　　　　　　　　　上坊敏子著　200 元
7. 避孕　　　　　　　　　　　　早乙女智子著　200 元
8. 不孕症　　　　　　　　　　　中村春根著　200 元
9. 生理痛與生理不順　　　　　　堀口雅子著　200 元
10. 更年期　　　　　　　　　　　野末悅子著　200 元

・傳統民俗療法・品冠編號 63

1. 神奇刀療法　　　　　　　　　潘文雄著　200 元

15. 馬戲怪人　　　（精）江戶川亂步著　特價230元
16. 魔人銅鑼　　　（精）江戶川亂步著　特價230元
17. 魔法人偶　　　（精）江戶川亂步著　特價230元
18. 奇面城的秘密　（精）江戶川亂步著　特價230元
19. 夜光人　　　　（精）江戶川亂步著　特價230元
20. 塔上的魔術師　（精）江戶川亂步著　特價230元
21. 鐵人Q　　　　（精）江戶川亂步著　特價230元
22. 假面恐怖王　　（精）江戶川亂步著
23. 電人M　　　　（精）江戶川亂步著
24. 二十面相的詛咒（精）江戶川亂步著
25. 飛天二十面相　（精）江戶川亂步著
26. 黃金怪獸　　　（精）江戶川亂步著

・熱 門 新 知・ 品冠編號 67

1. 圖解基因與DNA　（精）　　中原英臣 主編 230元
2. 圖解人體的神奇　（精）　　米山公啟 主編 230元
3. 圖解腦與心的構造（精）　　永田和哉 主編 230元
4. 圖解科學的神奇　（精）　　鳥海光弘 主編 230元
5. 圖解數學的神奇　（精）　　柳 谷 晃　著

法律專欄連載・ 大展編號 58

台大法學院　　　法律學系／策劃
　　　　　　　　　法律服務社／編著
1. 別讓您的權利睡著了(1)　　　　　200元
2. 別讓您的權利睡著了(2)　　　　　200元

・武 術 特 輯・ 大展編號 10

1. 陳式太極拳入門　　　　　　馮志強編著　180元
2. 武式太極拳　　　　　　　　郝少如編著　200元
3. 練功十八法入門　　　　　　蕭京凌編著　120元
4. 教門長拳　　　　　　　　　蕭京凌編著　150元
5. 跆拳道　　　　　　　　　　蕭京凌編譯　180元
6. 正傳合氣道　　　　　　　　程曉鈴譯　　200元
7. 圖解雙節棍　　　　　　　　陳銘遠著　　150元
8. 格鬥空手道　　　　　　　　鄭旭旭編著　200元
9. 實用跆拳道　　　　　　　　陳國榮編著　200元
10. 武術初學指南　　李文英、解守德編著　250元
11. 泰國拳　　　　　　　　　　陳國榮著　　180元
12. 中國式摔跤　　　　　　黃　斌編著　　180元
13. 太極劍入門　　　　　　　　李德印編著　180元
14. 太極拳運動　　　　　　　　運動司編　　250元

・原地太極拳系列・ 大展編號 11

2. 龍虎丹道：道教內丹術　　　　　郝勤　著　300元
3. 天上人間：道教神仙譜系　　　　黃德海著　250元
4. 步罡踏斗：道教祭禮儀典　　　　張澤洪著　250元
5. 道醫窺秘：道教醫學康復術　　　王慶餘等著　250元
6. 勸善成仙：道教生命倫理　　　　李　剛著　250元
7. 洞天福地：道教宮觀勝境　　　　沙銘壽著　250元
8. 青詞碧簫：道教文學藝術　　　　楊光文等著　250元
9. 沈博絕麗：道教格言精粹　　　　朱耕發等著　250元

·易 學 智 慧· 大展編號 122

1. 易學與管理　　　　　　　　　余敦康主編　250元
2. 易學與養生　　　　　　　　　劉長林等著　300元
3. 易學與美學　　　　　　　　　劉綱紀等著　300元
4. 易學與科技　　　　　　　　　董光壁著　280元
5. 易學與建築　　　　　　　　　韓增祿著　280元
6. 易學源流　　　　　　　　　　鄭萬耕著　280元
7. 易學的思維　　　　　　　　　傅雲龍等著　250元
8. 周易與易圖　　　　　　　　　李　申著　250元
9. 易學與佛教　　　　　　　　　王仲堯著　　元

·神 算 大 師· 大展編號 123

1. 劉伯溫神算兵法　　　　　　　應　涵編著　280元
2. 姜太公神算兵法　　　　　　　應　涵編著　280元
3. 鬼谷子神算兵法　　　　　　　應　涵編著　280元
4. 諸葛亮神算兵法　　　　　　　應　涵編著　280元

·命 理 與 預 言· 大展編號 06

1. 12星座算命術　　　　　　　　訪星珠著　200元
2. 中國式面相學入門　　　　　　蕭京凌編著　180元
3. 圖解命運學　　　　　　　　　陸明編著　200元
4. 中國秘傳面相術　　　　　　　陳炳崑編著　180元
5. 13星座占星術　　　　　　　　馬克·矢崎著　200元
6. 命名彙典　　　　　　　　　　水雲居士編著　180元
7. 簡明紫微斗術命運學　　　　　唐龍編著　220元
8. 住宅風水吉凶判斷法　　　　　琪輝編譯　180元
9. 鬼谷算命秘術　　　　　　　　鬼谷子著　200元
10. 密教開運咒法　　　　　　　　中岡俊哉著　250元
11. 女性星魂術　　　　　　　　　岩滿羅門著　200元
12. 簡明四柱推命學　　　　　　　呂昌釧編著　230元
13. 手相鑑定奧秘　　　　　　　　高山東明著　200元
14. 簡易精確手相　　　　　　　　高山東明著　200元

59. 實用八字命學講義	姜威國著	280元
60. 斗數高手實戰過招	姜威國著	280元
61. 星宿占星術	楊鴻儒譯	220元
62. 現代鬼谷算命學	維湘居士編著	280元
63. 生意興隆的風水	小林祥晃著	220元
64. 易學：時間之門	辛 子著	220元
65. 完全幸福風水術	小林祥晃著	220元
66. 婚課擇用寶鑑	姜威國著	280元
67. 2小時學會易經	姜威國著	250元
68. 綜合易卦姓名學	林虹余著	200元

・秘傳占卜系列・ 大展編號 14

1. 手相術	淺野八郎著	180元
2. 人相術	淺野八郎著	180元
3. 西洋占星術	淺野八郎著	180元
4. 中國神奇占卜	淺野八郎著	150元
5. 夢判斷	淺野八郎著	150元
6. 前世、來世占卜	淺野八郎著	150元
7. 法國式血型學	淺野八郎著	150元
8. 靈感、符咒學	淺野八郎著	150元
9. 紙牌占卜術	淺野八郎著	150元
10. ESP 超能力占卜	淺野八郎著	150元
11. 猶太數的秘術	淺野八郎著	150元
12. 新心理測驗	淺野八郎著	160元
13. 塔羅牌預言秘法	淺野八郎著	200元

・趣味心理講座・ 大展編號 15

1. 性格測驗（1） 探索男與女	淺野八郎著	140元
2. 性格測驗（2） 透視人心奧秘	淺野八郎著	140元
3. 性格測驗（3） 發現陌生的自己	淺野八郎著	140元
4. 性格測驗（4） 發現你的真面目	淺野八郎著	140元
5. 性格測驗（5） 讓你們吃驚	淺野八郎著	140元
6. 性格測驗（6） 洞穿心理盲點	淺野八郎著	140元
7. 性格測驗（7） 探索對方心理	淺野八郎著	140元
8. 性格測驗（8） 由吃認識自己	淺野八郎著	160元
9. 性格測驗（9） 戀愛知多少	淺野八郎著	160元
10. 性格測驗（10）由裝扮瞭解人心	淺野八郎著	160元
11. 性格測驗（11）敲開內心玄機	淺野八郎著	140元
12. 性格測驗（12）透視你的未來	淺野八郎著	160元
13. 血型與你的一生	淺野八郎著	160元
14. 趣味推理遊戲	淺野八郎著	160元
15. 行為語言解析	淺野八郎著	160元

42. 隨心所欲瘦身冥想法	原久子著	180 元
43. 胎兒革命	鈴木丈織著	180 元
44. NS 磁氣平衡法塑造窈窕奇蹟	古屋和江著	180 元
45. 享瘦從腳開始	山田陽子著	180 元
46. 小改變瘦 4 公斤	宮本裕子著	180 元
47. 軟管減肥瘦身	高橋輝男著	180 元
48. 海藻精神秘美容法	劉名揚編著	180 元
49. 肌膚保養與脫毛	鈴木真理著	180 元
50. 10 天減肥 3 公斤	彤雲編輯組	180 元
51. 穿出自己的品味	西村玲子著	280 元
52. 小孩髮型設計	李芳黛譯	250 元

·青 春 天 地· 大展編號 17

1. A 血型與星座	柯素娥編譯	160 元
2. B 血型與星座	柯素娥編譯	160 元
3. O 血型與星座	柯素娥編譯	160 元
4. AB 血型與星座	柯素娥編譯	120 元
5. 青春期性教室	呂貴嵐編譯	130 元
7. 難解數學破題	宋釗宜編譯	130 元
9. 小論文寫作秘訣	林顯茂編譯	120 元
11. 中學生野外遊戲	熊谷康編著	120 元
12. 恐怖極短篇	柯素娥編譯	130 元
13. 恐怖夜話	小毛驢編譯	130 元
14. 恐怖幽默短篇	小毛驢編譯	120 元
15. 黑色幽默短篇	小毛驢編譯	120 元
16. 靈異怪談	小毛驢編譯	130 元
17. 錯覺遊戲	小毛驢編著	130 元
18. 整人遊戲	小毛驢編著	150 元
19. 有趣的超常識	柯素娥編譯	130 元
20. 哦!原來如此	林慶旺編譯	130 元
21. 趣味競賽 100 種	劉名揚編譯	120 元
22. 數學謎題入門	宋釗宜編譯	150 元
23. 數學謎題解析	宋釗宜編譯	150 元
24. 透視男女心理	林慶旺編譯	120 元
25. 少女情懷的自白	李桂蘭編譯	120 元
26. 由兄弟姊妹看命運	李玉瓊編譯	130 元
27. 趣味的科學魔術	林慶旺編譯	150 元
28. 趣味的心理實驗室	李燕玲編譯	150 元
29. 愛與性心理測驗	小毛驢編譯	130 元
30. 刑案推理解謎	小毛驢編譯	180 元
31. 偵探常識推理	小毛驢編譯	180 元
32. 偵探常識解謎	小毛驢編譯	130 元
33. 偵探推理遊戲	小毛驢編譯	180 元

11

80. 身體節律與健康	林博史著	180 元
81. 生薑治萬病	石原結實著	180 元
83. 木炭驚人的威力	大槻彰著	200 元
84. 認識活性氧	井土貴司著	180 元
85. 深海鮫治百病	廖玉山編著	180 元
86. 神奇的蜂王乳	井上丹治著	180 元
87. 卡拉 OK 健腦法	東潔著	180 元
88. 卡拉 OK 健康法	福田伴男著	180 元
89. 醫藥與生活	鄭炳全著	200 元
90. 洋蔥治百病	宮尾興平著	180 元
91. 年輕 10 歲快步健康法	石塚忠雄著	180 元
92. 石榴的驚人神效	岡本順子著	180 元
93. 飲料健康法	白鳥早奈英著	180 元
94. 健康棒體操	劉名揚編譯	180 元
95. 催眠健康法	蕭京凌編著	180 元
96. 鬱金（美王）治百病	水野修一著	180 元
97. 醫藥與生活	鄭炳全著	200 元

·實用女性學講座· 大展編號 19

1. 解讀女性內心世界	島田一男著	150 元
2. 塑造成熟的女性	島田一男著	150 元
3. 女性整體裝扮學	黃靜香編著	180 元
4. 女性應對禮儀	黃靜香編著	180 元
5. 女性婚前必修	小野十傳著	200 元
6. 徹底瞭解女人	田口二州著	180 元
7. 拆穿女性謊言 88 招	島田一男著	200 元
8. 解讀女人心	島田一男著	200 元
9. 俘獲女性絕招	志賀貢著	200 元
10. 愛情的壓力解套	中村理英子著	200 元
11. 妳是人見人愛的女孩	廖松濤編著	200 元

·校 園 系 列· 大展編號 20

1. 讀書集中術	多湖輝著	180 元
2. 應考的訣竅	多湖輝著	150 元
3. 輕鬆讀書贏得聯考	多湖輝著	180 元
4. 讀書記憶秘訣	多湖輝著	180 元
5. 視力恢復！超速讀術	江錦雲譯	180 元
6. 讀書 36 計	黃柏松編著	180 元
7. 驚人的速讀術	鐘文訓編著	170 元
8. 學生課業輔導良方	多湖輝著	180 元
9. 超速讀超記憶法	廖松濤編著	180 元
10. 速算解題技巧	宋釗宜編著	200 元

·實用心理學講座· 大展編號 21

·超現實心靈講座· 大展編號 22

·養 生 保 健· 大展編號 23

·社會人智囊· 大展編號 24

・精選系列・ 大展編號 25

·運動遊戲· 大展編號26

·休閒娛樂· 大展編號27

18

・銀髮族智慧學・ 大展編號 28

・飲 食 保 健・ 大展編號 29

國家圖書館出版品預行編目資料

八法拳、八法槍／武世俊著
　　　——初版，——臺北市，大展，2003〔民92〕
　　　面；21公分，——（武術特輯；49）
　　　ISBN 957-468-210-2（平裝）

1.拳術—中國　2.刀槍術
528.97　　　　　　　　　　　　　　92002929

八法拳、八法槍

ISBN 957-468-210-2

著　　者／武世俊
責任編輯／建　　林
發 行 人／蔡 森 明
出 版 者／大展出版社有限公司
社　　址／台北市北投區（石牌）致遠一路2段12巷1號
電　　話／（02）28236031・28236033・28233123
傳　　眞／（02）28272069
郵政劃撥／01669551
E - mail／dah.jaan@pchome.com.tw
登 記 證／局版臺業字第2171號
承 印 者／高星印刷品行
裝　　訂／協億印製廠股份有限公司
排 版 者／弘益電腦排版有限公司
初版1刷／2003年（民92年）5 月

定　價／220元

●本書若有破損、缺頁敬請寄回本社更換●

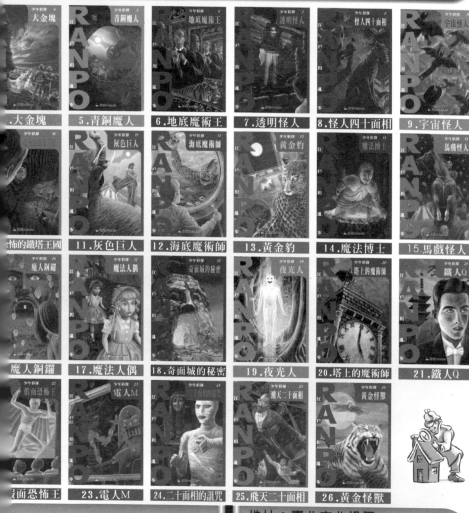